U055017

济宁文物古迹

HISTORICAL SITES AND CULTURAL RELICS IN JINING

济宁市文物管理局 编
Compiled by Cultural Relics Administration Bureau of Jining

文物出版社

封面题字：罗哲文
责任编辑：李　穆
封面设计：周小玮
责任印制：王少华

图书在版编目（CIP）数据

济宁文物古迹／济宁市文物管理局编．－北京：文物出
版社，2009.9
ISBN 978-7-5010-2840-5

Ⅰ．济… Ⅱ．济… Ⅲ．①文物－济宁市－图录②名胜古
迹－济宁市－图录 Ⅳ．K872.523.2　K928.705.23-64

中国版本图书馆 CIP 数据核字（2009）第 166181 号

济 宁 文 物 古 迹
济宁市文物管理局编

*

文物出版社出版发行
（北京市东城区东直门内北小街 2 号楼）
http://www.wenwu.com
E-mail:web@wenwu.com
北京燕泰美术制版印刷有限责任公司印制
新 华 书 店 经 销
889 × 1194　1/16　印张：19
2009 年 9 月第 1 版　2009 年 9 月第 1 次印刷
ISBN 978-7-5010-2840-5　定价：380.00 元

编撰委员会

特邀顾问：罗哲文　毛昭晰

主　　任：孙守刚　张振川

副 主 任：张术平　侯端敏　刘成文

主　　审：莫成伟　柳庆春

委　　员：莫成伟　柳庆春　孙美荣　樊存常　尚焕雷

　　　　　朱承山　孔德平　邵泽水　王松田　石　晶

　　　　　王利生　王传明　郑宏图　张　翔　安广银

　　　　　盛延杰　张振全　李兴香　解华英　张　骥

　　　　　王天湖　田立振　相　力

主　　编：孙美荣

副 主 编：尚焕雷　朱承山

执行主编：朱承山

摄　　影：王雪峰　吕　明

Editorial Board

Guest Consultants: Luo Zhewen and Mao Zhaoxi

Directors: Sun Shougang and Zhang Zhenchuan

Associate Directors: Zhang Shuping, Hou Duanmin and Liu Chengwen

Editors: Mo Chengwei and Liu Qingchun

Board Members: Mo Chengwei, Liu Qingchun, Sun Meirong, Fan Cunchang, Shang Huanlei, Zhu Chengshan, Kong Deping, Shao Zeshui, Wang Songtian, Shi Jing, Wang Lisheng, Wang Chuanming, Zheng Hongtu, Zhang Xiang, An Guangyin, Sheng Yanjie, Zhang Zhenquan, Li Xingxiang, Xie Huaying, Zhang Ji, Wang Tianhu,Tiang Lizhen and Xiang Li

Editor-in-chief: Sun Meirong

Associate Editors-in-chief: Shang Huanlei and Zhu Chengshan

Executive Editor-in-chief: Zhu Chengshan

Photographers: Wang Xuefeng and Lü Ming

参与编写人员名单（按姓氏笔画排序）

马宏岩　马荣华　卞长永　孔　勇　孔凡敏　孔令明

孔祥伟　孔德东　王　虎　王　彦　王　莉　王　斌

王秀凤　王忠杰　王登伦　王瑞光　田志平　刘建康

刘绍旺　孙　芳　孙钦柱　曲洪杰　闫　鑫　宋　波

宋　猛　宋恩红　张　超　张正军　张宪光　李　卫

李　梦　李　辉　李广芳　李玉春　李洪岭　李琳琳

李翠芳　杨　廷　杨君晓　杨孝瑜　苏延标　陈国敏

武　健　郑建芳　胡新立　赵　雯　唐玉彪　徐　冉

徐学峰　顾承银　董　涛　谢　健　蔡运华　蔺鲁健

颜昊博　薛　慧　戴佩佩　魏永震

Contributing Editors
(Listed according to the number of strokes of the Chinese characters for their family names)

Ma Hongyan, Ma Ronghua, Bian Changyong, Kong Yong, Kong Fanmin, Kong Lingming, Kong Xiangwei, Kong Dedong, Wang Hu, Wang Yan, Wang Li, Wang Bin, Wang Xiufeng, Wang Zhongjie, Wang Denglun, Wang Ruiguang, Tiang Zhiping, Liu Jiankang, Liu Shaowang, Sun Fang, Sun Qinzhu, Qu Hongjie, Yan Xin, Song Bo, Song Meng, Song Enhong, Zhang Chao, Zhang Zhengjun, Zhang Xianguang, Li Wei, Li Meng, Li Hui, Li Guangfang, Li Yuchun, Li Hongling, Li Linlin, Li Cuifang, Yang Ting, Yang Junxiao, Yang Xiaoyu, Su Yanbiao, Chen Guomin, Wu Jian, Zheng Jianfang, Hu Xinli, Zhao Wen, Tang Yubiao, Xu Ran, Xu Xuefeng, Gu Chengyin, Dong Tao, Xie Jian, Cai Yunhua, Lin Lujian, Yan Haobo, Xue Hui, Dai Peipei and Wei Yongzhen

序

　　文物作为民族悠久历史的稀世鉴证，蕴含着中华民族特有的精神价值。我们应当以礼敬自豪的态度对待优秀传统文化，更加珍视和守护好优秀文化遗产。事实上，我们保护任何一件文物，就是保护人类智慧的发展历程，保护人类文明进程的发展线索，更重要的是保护了维护人类进步的不可或缺之物——知识的价值和尊严。

　　济宁是著名的文化发祥之地。早在一万年前的细石器时代，这里就有古人居住。在这片文化沃土上，曾有过三次大的文化辉煌期：第一次是七千年前至五千年前的伏羲氏、女娲氏、炎帝、黄帝、少昊帝一脉相承的东夷文化高峰，龙、凤图腾的肇始是其灿烂的文化标志；第二次是西周至春秋战国时期的邾娄文化和鲁国文化，并造就了主导中华文化两千多年的孔子、孟子及其儒家学说；第三次是明朝至清朝的运河文化，形成了济宁融南汇北的多元文化格调。济宁不仅孕育了蜚声中外的灿烂文化，而且留下了极其丰富的文化遗产。孔府、孔庙、孔林是世界文化遗产，颜庙、孟府、孟庙、孟林、尼山孔庙、曾庙已列入世界文化遗产预备名单，曲阜、邹城为国家级历史文化名城，许多古建筑、古遗址已成为中华文化的重要标志。全市拥有全国重点文物保护单位19处、省级95处、市级168处，各类文化遗存4000多处，馆藏文物16.7万多件，成为名副其实的文物大市。

　　济宁市委、市政府历来重视文化遗产保护工作，始终坚持"保护为主、抢救第一、合理利用、加强管理"的文物工作方针，不断推进文物事业繁荣发展。特别是近年来，结合"中华文化标志城"规划建设，启动了大遗址保护规划和系列文化工程，把文物保护、发掘和利用提到了更加突出的位置。广大的文博工作者付出艰辛的努力，做了很多卓有成效的工作，取得了有目共睹的成绩。市文物局编辑出版《济宁文物古迹》，很有意义。这本集子将全市境内已公布为全国重点文物保护单位和省级、市级的不可移动文物汇诸一册，既是对文物保护工作的一次检阅，也是对济宁辉煌灿烂文化的一次展示。谨致祝贺，并序。

济宁市委书记、市人大常委会主任　孙守刚

2009 年 7 月

Preface

As witness to the long history of the Chinese nation, historical relics contain the nation's unique cultural value. We should hold our traditional culture in reverence, feel great pride for it and value and protect our fine cultural heritage. In fact, to preserve cultural remains is to keep a record of the evolution of human wisdom and civilization, and more importantly, to maintain the value and prestige of knowledge that is indispensable for the progress of mankind.

Jining is a well-known birth place of Chinese culture. As early as 10,000 years ago, during the Microlithic Age, human beings inhabited there. Its culturally rich soil has experienced three peaks: first, the peak of the Dongyi Culture that began 7,000 years ago and lasted until 5,000 years ago, when the prehistoric chieftains Fu Xi, N ü Wa, the Yan Emperor, the Yellow Emperor and the Shaohao Emperor were in reign; the totem of dragon and phoenix is the sign of this culture; second, the Zhulou Culture and the Culture of State Lu from the Western Zhou Dynasty to the Warring States Period (1100 BC - 221 BC) which brought forth Confucius, Mencius and his students and the Confucian thoughts; and third, the Great Canal Culture that flourished during the Ming and Qing dynasties (1368 - 1911) when bloomed a pluralistic culture assimilating the cultures of the south and north of China.

Jining has not only fostered brilliant culture that is known domestically and internationally, but also preserved a great number of cultural heritages. Jining is now home to 19 historical sites under the state-level protection, 95 sites under the provincial-level protection and 168 sites under the municipal-level protection, with 4,000 cultural remains and 167,000 pieces of preserved cultural relics. As examples, the Mansion of Confucius, Temple of Confucius and Cemetery of Confucius are listed as World Heritage sites. The temples of Yan Hui and Mencius, the residence of Mencius, Tombs of Mencius and his descendents, the Temple of Confucius on the Nishan Mountain, and the Temple of Zeng Shen are candidates for the World Heritage list. Qufu and Zoucheng in Jining area are famous national-level historical and cultural towns. Many ancient sites and buildings in Jining have become important marks of Chinese culture. All of these have made Jining a leading city in terms of the number of historical sites and cultural relics.

The Jining Committee of the Communist Party of China and the city government have always paid adequate attention to the preservation of cultural heritage in accordance with the guideline "taking the protection of historical sites and relics as the main task, restoring them first, utilizing them rationally and improving the management", and have continued to promote the undertaking related with cultural remains. What's worth mentioning is, in recent years, while building a "representative city of Chinese culture", the Jining government has initiated the protection program of great cultural sites and the serial cultural projects which have given more priorities to the preservation, excavation and utilization of historical and cultural remains. Those who work in museums and cultural relic organizations have also put a lot of effort in the protection of cultural remains and have made evident achievements.

The publication of the *Historical Sites and Cultural Relics in Jining* edited by the Cultural Relics Administration of Jining is of great significance. This book includes all key cultural sites under the state-level protection and immovable cultural remains in Jining under the protection at provincial and municipal levels. It also serves as a review of our work in the preservation of cultural remains and a display of the brilliant culture of Jining. I would like to extend my congratulations to the publication of the book with my preface.

Sun Shougang, Secretary of the Jining Committee of the Communist Party of China, Director of the Standing Committee of the People's Congress of Jining
July 2009

概　　述

济宁市为省辖地级市，位于山东省中南部。现辖曲阜、兖州、邹城、微山、梁山等 12 个县市区，1 个高新技术开发区和 1 个省级旅游度假区，总人口 822 万，总面积 1.1 万平方公里。

济宁地处汶、泗流域，东经 115°54′—117°6′，北纬 34°25′—35°55′。东部与临沂市接壤，西部与菏泽市相连，北邻泰安市，南邻江苏省，东北及东南部分别与莱芜市、枣庄市相毗连。本市东高西低，东部为丘陵地带，山峦起伏，海拔高度为 100—600 米；中西部平坦，海拔 40—60 米；南部为湖区，海拔高度 34.8—40 米。湖区由四个依次连接的水面组成，俗称南四湖（南阳、独山、昭阳、微山四个湖），因微山湖最大，故统称为微山湖，为中国北方最大的淡水湖。

济宁境内早在一万年前就有古人类居住，那时的古人使用的是细石器，考古学上称之为细石器时代（又有学者称之为中石器时代），在兖州、汶上、嘉祥三县（市）已发现细石器地点 38 处。公元前 5500—公元前 2000 年的新石器时代，市内的考古文化分别是北辛文化（距今 7500—6300 年）、大汶口文化（距今 6300—4400 年）、龙山文化（距今 4400—4000 年）。夏代之际济宁一带的东夷族地方文化名为岳石文化，属于金石并用时期。夏商周三代，济宁属徐州之域，任、卞、缗、邿、奄、极、鲁、郕、邾、焦等诸侯国先后在这片土地上建立。商代奄国及周代鲁国是当时卓有影响的大国，均将曲阜定为国都。汉唐之际，济宁城区为任城县，济宁区域内先后为鲁国、山阳（昌邑）国、东平国、任城国、高平国、山阳郡、任城郡、高平郡、鲁郡等郡国属地。后周广顺三年（953），济宁城区为任城县，隶济州。宋代，今境分属于兖州（后改袭庆府）、郓州（后改东平府）、济州、单州等地。元代至元八年（1271），济州升为府，名曰济宁府，这是"济宁"地名的最早出现。元代的济宁地区隶属济宁路、益都路。明洪武十八年（1385），济宁府降为州，属兖州府。清雍正二年（1724），济宁升格为直隶州，今济宁地区分属于兖州府、济宁直隶州。民国年间，今济宁各县市隶属于济宁道，后改为岱南道。1948 年 8 月，济宁全境解放，大多县（市）区划归鲁中南地区。1953 年 7 月建立济宁专署，1967 年改称济宁地区，1983 年 10 月改称济宁市。

在上万年的历史发展中，济宁曾有过诸多的辉煌。距今四、五千年前，三皇五帝中的大部分先祖都与济宁有关。太昊伏羲族团是济宁人的直系祖先，夏商周时期的任国（今济宁）为伏羲后裔建立的国家；《帝王世纪》云："炎帝都于陈，又徙鲁"；《史记·五帝本纪》集解说："母曰附宝……二十四月而生黄帝于寿丘，寿丘在鲁东门之北"。《史记·索隐》又说："黄帝生于寿丘，长于姬水"，寿丘在今曲阜东郊；被黄帝战败的蚩尤也与济宁有关，其墓在今汶上县西南的南旺镇；少昊因"执太昊之法，故名少昊"，《史记·周本纪》载："少昊之虚，曲阜也"。少昊生于曲阜，葬于云阳，至今陵墓犹存，地处今曲阜城东；颛顼、虞舜部族也曾在济宁一带活动，并遗留下颛顼后裔建立的邿国都城及虞舜"耕于历山，渔于雷泽，陶于河滨，作什器于寿丘，就食于负夏"中的五个古代地名。

春秋战国时期，济宁境内诞生了至圣孔子、复圣颜子、宗圣曾子、述圣子思、亚圣孟子及巧圣鲁班、和圣柳下惠等七大圣人，为邹鲁文化的发展做出了重大贡献。以孔子为首创立的儒家学说成为中华传统文化的主干，其影响延及当代，将传及后世。秦汉时期涌现的经学家诸如申培公、江公、毛亨、孔安国、匡衡、韦贤、何休及之后的文学家王粲、孔融、孔尚任，哲学家王弼，军事家刘表，医学家王叔和，数学家秦九韶，考据学家桂馥等济宁先祖，均为祖国的历史谱写过华章。灿烂的古代文化为济宁遗留下一大批文物瑰宝，成为济宁古代文明的佐证，也是当今乃至今后济宁社会发展的文化资源。

济宁为文物大市，因而，文物管理机构建立的特别早。1948年6月12日，即曲阜解放后的第二天，部队即进驻曲阜三孔（孔林、孔庙、孔府），进行军事管制，加以保护，并于8月15日成立了曲阜县古物管理委员会。1950年前后又先后成立了邹县古物管理所、嘉祥武氏祠古物管理所。1956年统计时，山东包括省级文物管理处在内，也只有管理机构6处，而济宁则占3处。1982年，济宁市文物局的建立，为全市文物工作的统筹、提升、强化奠定了组织基础。至1990年，市内各县市均已健全了文物管理机构，使济宁市的文物管理保护工作步入快车道。

建国60年来，国家文物主管部门先后组织了三次全国性的文物普查，分别是1956年、1981—1983年、2007—2011年。三次文物大普查的背景分别是建国后、"文革"后、改革开放30年后。社会变革与经济的大发展急需摸清文物家底，以便有效保护，统筹社会发展。济宁市除根据上级的要求动员组织普查外，还分别于1973年、1987年组织了市境内的文物补查。建国60年来，国家乃至省市文物及学术机构，还分别对我市域的古遗址、古墓葬进行了考古发掘。已发掘的重点遗址有：西夏侯、野店、邹县南关、尹家城、西吴寺、贾柏、六里井、王因、潘庙、任城城子崖、史海、天齐庙、尹洼、龙湾店、京杭运河南旺分水工程、鲁国故城等。市内业经发掘的古墓葬亦属可观，为考古学及史学的研究提供了极为丰富的资料。济宁的地上古建筑总量约3000间，当位居地级市拥有量之首。尤以孔子、孟子、颜回、曾参、周公等名人的纪念性建筑群称著，现已成为当地的旅游热点，观众趋之如流。建国60年来，国家投入了大量资金，使这批古建筑得以保护，辖境内的石刻也同古建筑一样，得到妥善保护与修复。

多年以来，市委、市政府高度重视文物工作，认真落实"五纳入"，自1999年以来，市政府又与各县市区签订了《文物安全目标责任书》，强化"官职官责"，成效显著。建国60年来，为加强文物保护，市县两级政府发布了一系列通知、通告、布告、文件。1996年4月济宁市政府以市长令形式发布了《济宁市文物保护管理办法》，2009年2月市政府发布了《济宁市人民政府关于进一步加强文物保护工作的通知》，为推动群众性文物保护起到了重要作用。

截止目前，国务院公布了六批文物保护单位，省政府公布了三批，市政府公布了三批。济宁市境内已公布的全国重点文物保护单位19处，省级95处，市级168处，本书即收录了已公布的全国重点、省级、市级文物保护单位。各县市区公布的县级文物保护单位该书元予收录。我们期待能通过《济宁文物古迹》这本书，让更多的读者了解济宁文物，进而了解济宁，关注济宁，如此，则是编者的心愿。

Introduction

Jining is a prefectural-level city under the jurisdiction of Shandong Province. Situated in the central south of Shandong Province, it has under its jurisdiction 12 counties, towns and districts including Qufu, Yanzhou, Zoucheng, Weishan and Liangshan, a new technological development zone and a provincial-level tourist resort area, with a population of 8.22 million and covering 11,000 square kilometers.

Jining lies in the valley of the Dawen and Sihe rivers, spanning from the east longitude 115° 54′ to 117° 6′ and from the north latitude 34° 25′ to 35° 55′. Jining borders on Linyi City to the east, Heze City to the west, Tai'an City to the north, Jiangsu Province to the south, and Laiwu City and Zaozhuang City to the northeast and southeast. The main topographic feature of Jining is that its eastern part is higher than the western part. Its eastern part is covered by undulating hills standing at 100 to 600 m above sea level; its central and western parts are flat with the altitudes ranging from 40 to 60 m, while its southern part features a huge lake area with the altitudes ranging from 34.8 to 40 m. The Nanyang, Dushan, Zhaoyang and Weishan lakes are connected with one another. Since the Weishan Lake is the largest of them, they are collectively known as the Weishan Lakes, the largest freshwater body in the north of China.

As early as 10,000 years ago, the Jining area was inhabited by human beings who at that time used microlithic tools. That period has been named by archaeologists as the Microlithic Age (also known as Mesolithic Age). In Yanzhou, Wenshang and Jiaxiang, 38 Microlithic sites have been discovered. The archaeological find in Jining that belongs to the New Stone Age from 5500 BC to 2000 BC includes the Beixin Culture (7500—6300 years ago), Dawenkou Culture (6300—4400 years ago) and Longshan Culture (4400—4000 years ago). During the Xia Dynasty (c. 2100 BC — 1600 BC), Dongyi people living in the Jining area created their Yueshi Culture where stones and metals were applied in daily life. Through the Xia, Shang (1600 BC —1100 BC) and Zhou (1100 BC — 256 BC) dynasties, Jining was under the jurisdiction of Xuzhou. On this area were established the states of Ren, Bian, Min, Zhu, Yan, Ji, Lu, Cheng, Shi, Jiao and others. State Yan during the Shang Dynasty and State Lu during the Zhou Dynasty were large states that exerted great influence on other states of that time. Both of them had their capitals in the area of present Qufu. From the Han to Tang dynasties (206 BC —907 AD), the area of today's Jining was Rencheng County that successively belonged to the princedoms of Lu, Shanyang (Changyi), Dongping, Rencheng and Gaoping, and the provinces of Shanyang, Rencheng, Gaoping, Lu and others. In the third year of the Guangshun reign period of the Later Zhou Dynasty (953 AD), the present-day downtown area of Jining became Rencheng County under the jurisdiction of Jizhou. During the Song Dynasty (960 —1279), it was separated by Yanzhou (later renamed Xiqing), Yunzhou (later Dongping), Jizhou, Shanzhou and other places. In the eighth year of the Zhiyuan reign period of the Yuan Dynasty (1271), the administrative status of Jizhou was elevated to province and renamed Jining, and this was the first time that the name "Jining" appeared. During the Yuan Dynasty, the area of today's Jining was shared by the provinces of Jining and Yidu. In the 18th year of the Hongwu reign period of the Ming Dynasty (1385), the province of Jining was lowered to a prefecture under the jurisdiction of Yanzhou Province. In the second year of Emperor Yongzheng's reign of the Qing Dynasty (1724), Jining's status was promoted to municipality directly under the central government. And the present-day Jining area partly belonged to Yanzhou Province and partly to Jining Municipality. During the period of the Republic of China (1911 — 1949), it was put under the prefecture of Jining and later renamed Dainan. In August 1948, Jining was liberated by the Chinese Communist Party from the regime of Guomindang. Most of its counties and areas were assigned to the jurisdiction of the central and south of Shandong Province. In July 1953, the Prefectural Commissioners' Office of Jining was established. In 1967 it was redefined as Jining Township. In October 1983 it was changed to Jining City.

During its history of more than ten thousand years, Jining has been crowned with glories. The ancestors of the legendary Three Sovereigns and Five Emperors from 4,000 to 5,000 years ago were associated with Jining. Tai Hao (literally, Major Heaven), a.k.a. Fu Xi, was the direct ancestor of Jining people. The state of Ren (present-day Jining) that existed during the Xia, Shang and Zhou dynasties was established by Fu Xi's descendents. *Annals of Lords and Kings* says, "The Yan Emperor had his capital in Chen and later moved to Qufu". "Records of Five Emperors" in *Historian's Records* says, "The mother Fu Bao...gave birth to Huang Di in Shouqiu after 24 months of pregnancy." Shouqiu was situated to the north of the eastern gate of the state of Lu. Commentaries on *Historian's Records* says, "The Yellow Emperor was born in Shouqiu and grew up along the Jishui River". Shouqiu is in the east suburb of what is Qufu today. Chi You who was defeated by the Yellow Emperor also had something to do with Jining. His tomb is located in the town of Nanwang in the southwest of today's Wenshang County. Shao Hao (literally, Minor Heaven) was so named because he carried out the law of Tai Hao ("Major Heaven"). *Historian's Records* says, "Shao Hao's residence is in Qufu". Shao Hao was born in Qufu and buried in Yunyang. His tomb still exists today in the east of Qufu. The tribes of Zhuan Xu and Yu Shun were active in the area of Jining too. Zhuan Xu's descendents built the capital of the state of Zhu there and Yu Shun's name was spread in five ancient places that were mentioned in this line, "Yu Shun ploughed in Lishan, fished in Leize, made earthenware in Hebin, produced utensils in Shouqiu and made a living in Fuxia".

During the Spring and Autumn Period and the Warring States Period (770 BC — 221 BC), Jining brought forth seven sages: Confucius, Yan Yuan, Zeng Shen, Zi Si, Mencius, Lu Ban and Liuxia Hui. They made very important contributions to the cultural development of the culture of the Zou and Lu states. Confucianism became the mainstream of traditional Chinese culture and its influence has extended to modern times and will continue in the centuries to come. During the dynasties of Qin and Han (221 BC — 220 AD), this place gave birth to experts in the study of Confucian classics such as Lord Shen Pei, Jiang Gong, Mao Heng, Kong Anguo,

Kuang Heng, Wei Xian and He Xiu; famous writers of Wang Can, Kong Rong and Kong Shangren; philosopher Wang Bi, military strategist Liu Biao; medical scientist Wang Shuhe; mathematician Qin Jiushao and critical researcher Gui Fu. They made history in China.

The abundant cultural relics left behind by ancient people in Jining serve as a testament to the brilliant culture there and are rich cultural resources for the social development of the city at present and in the future.

Jining is an important city in terms of historical sites and cultural relics, therefore, the relevant administrative organizations of cultural remains have long been established. On June 12, 1948, the second day after the liberation of Qufu, the People's Liberation Army entered the town and enforced military control over the Temple, Mansion and Cemetery of Confucius to protect them. On August 15 of that year, the Administrative Committee of Ancient Objects in Qufu was set up. Around 1950, the Administrative Office of Ancient Objects of Zou County and later the Administrative Office of Cultural Relics from the Ancestral Temple of the Wu Family in Jiaxiang County were established. According to the statistics of 1956, Shandong Province had only six administrative organs of cultural relics, three of which were in Jining. From this alone you can see the importance of historical sites and cultural relics of Jining in Shandong Province. In 1982, the Cultural Heritage Bureau of Jining was founded, laying the foundation for coordination, promotion and strengthening of the work related with cultural remains in the city. By 1990 all counties under the jurisdiction of Jining had set up or improved their cultural relics administrative departments, and thanks to this, the preservation and management of cultural heritage in the city are sound.

Drastic social changes and fast economic growth call for a complete stocktaking of historical sites and cultural relics so as to protect them more efficiently and coordinate work in this field with the progress of the whole society. Consequently, over the past 60 years since the establishment of the People's Republic of China in 1949, the state cultural relics administrative departments have organized three nationwide surveys of historical sites and cultural relics in 1956, from 1981 to 1983, and between 2007 and 2011, respectively against the historical backdrop of the establishment of the People's Republic of China, the conclusion of the Cultural Revolution and the 30th anniversary of the implementation of the reform and opening-up policy. In addition to the surveys requested by the higher government, Jining conducted two investigations regarding cultural remains of the city in 1973 and 1987. Over the last 60 years, the state and provincial departments of cultural relics and academic institutions have conducted archaeological excavations of ancient sites and tombs at Xixiahou, Yedian, Nanguan of Zou County, Yinjiacheng, Xiwusi, Jiabai, Liulijing, Wangyin, Panmiao, Chengziya in Rencheng, Shihai, Tianqimiao, Yinwa, Longwandian, the old site of the water diversion project of the Jinghang Great Canal at Nanwang, and the former land of State Lu, and others in the Jining area. Those excavated ancient tombs provide rich materials for archaeological and historical studies.

Jining with more than 2,000 ancient ground buildings boasts the largest number of ancient buildings among all the prefectural-level cities in China. Of those buildings, the memorial buildings for Confucius, Mencius, Yan Hui, Zeng Shen and Duke of Zhou have attracted numerous tourists from all over the world. It is delightful to see that the state has invested a large sum of fund in preservation of those old buildings. Likewise, ancient stone carvings in Jining have also received due renovation and protection.

Over the years, the Jining Committee of the Communist Party of China and the city government have paid great attention to preservation of historical sites and cultural relics and have effectively included cultural relics protection into the city's social and economic development program, fiscal budget, urban and rural construction plan, program of institutional reform, and accountability system of government officials at all levels. Since 1999, the city hall has signed the *Agreement on the Responsibility for Cultural Relics Safety* every year with county governments, which put emphasis on government officials' direct liability for cultural relics. This has yielded good result. Moreover, the governments at the city and township levels have issued a series of notices, announcements and documents to strengthen the preservation of historical sites and cultural relics. In April 1996, the Mayor of Jining issued the "*Measures for Preserving Historical Sites and Cultural Relics in Jining*". In Feburary 2009, the city government announced the "*Notice on Further Protection of Cultural Relics of the People's Government of Jining*". Those administrative measures have greatly advanced the general public's participation in cultural relics protection.

Up to now, the State Council of China has announced six batches of historical sites to be put under the state protection. The Shandong Government has announced three batches and the Jining City government has also announced three batches. Within the territory of Jining there are 19 key historical sites under the national-level protection, 95 under the provincial-level protection and 168 under the city-level protection. This book contains all the announced historical sites under the protection at the national, provincial and city levels. Those announced by the county- or township-level governments are not included. We sincerely hope that this book will help more readers know Jining through its abundant historical sites and cultural relics.

目 录
Table of Contents

六、近现代重要史迹及代表性建筑

后　记　Postscript

一 世界文化遗产

I. World Heritage Sites

1994年12月，联合国教科文组织以"孔庙、孔林、孔府"为名称，正式列入世界文化遗产名录。

孔庙　Temple of Confucius

曲阜孔庙，位于曲阜城的中央，是祭祀孔子的庙宇，为海内外现存2000多座孔庙中规模最大的一座。1961年经国务院批准，公布为第一批全国重点文物保护单位。

孔庙始建于孔子死后的第二年（公元前478年），弟子们将其生前"故所居堂"立为庙，"岁时奉祀"。其后，历代王朝不断加以扩建，因汉代时，祭祀孔子列入国家祀典，孔庙由国家进行维修。至明代已奠定了现有规模，形成了一组具有东方建筑特色、规模宏大、气势雄伟的古代建筑群。

孔庙占地147亩，南北长642米，庙内古木苍翠，穿插有序。建筑仿皇宫之制，共分九进庭院，三路布局，贯穿在一条南北中轴线上，左右对称，布局严谨。孔庙的第一道门为"棂星门"，门两侧为下马碑，碑阳大字书"官员人等至此下马"。前三进是引导性庭院，只有一些门亭石坊，院内遍植桧柏，浓荫蔽日，第四进以后的庭院，建筑雄伟，气势壮观，是孔庙祭祀活动的主要场所。整个建筑群包括五殿、一阁、一坛、两庑、两堂、17座碑亭，共412间，分别建于金、元、明、清和民国时期。

孔庙还是我国著名的"碑林"，保存有汉代以来历代碑刻千余块，既有封建帝王追谥、加封、祭祀和修建孔庙的实录，也有达官显贵、文人学士谒庙的诗文题记，文字有汉、蒙古、八思巴、满文等，真草隶篆，蔚为大观，是研究封建社会政治、经济、文化、艺术的珍贵史料。孔庙的石刻艺术品还包括历年收藏的汉画像石90余块，以及反映孔子一生行迹的120幅石刻"孔子圣迹图"。

下马碑

Stone reminding passers-by to dismount

金明昌二年（1191）开始设置，今存者为明代重刻。该碑告之官员百姓，经过孔庙大门，必须下马、下轿。

1. 金声玉振坊

Jin Sheng Yu Zhen Archway (Archway of Gold Prelude and Jade Final)

　　明代嘉靖年间建，取义于孟子对孔子的赞扬之语。金声、玉振是指音乐的开头、结尾，谓孔子乃集古代思想之大成。

2. 至圣庙石坊

Stone Arch at Supreme Sage Temple

3. 棂星门

Lingxing Gate (Gate of Literary Star)

　　为孔庙的大门，始建于明代。棂星即天田星，俗称"文宿星"，喻意孔子为人间"文宿星"。

1. 道冠古今坊
   Dao Guan Gu Jin Archway (Archway for Highest Virtue in Past and Present)
2. 德侔天地坊
   Archway for Supreme Virtue
3. 璧水桥
   Bridge Over Circular Stream
   　　明代永乐十三年（1415）建，因天子学宫之水"壅绕如璧"而得名，俗称金水桥，建此桥以象征孔学长久，教化不息。

1. 同文门
   Tongwen Gate

2. 孔庙碑刻
   Monument in The Temple of Confucius

3. 奎文阁
   Kuiwen Pavilion

　　奎文阁俗名藏书楼，为孔庙的主体建筑之一，金章宗以"奎主文章"取义命名。始建于宋代，明弘治十三年（1500）重修，是我国著名的楼阁之一。

御碑亭
Pavilion for Imperial Steles

十三碑亭

Thirteen Stele Pavilions

　　十三碑亭大多建于清代，内置唐、宋、元、明、清碑刻55块，主要为皇帝御制、遣官祭孔等内容，有满、汉、八思巴等多种文字。

1. 孔庙一角
   Corner of The Temple of Confucius
2. 大成门
   Gate of Great Achievement
3. 先师手植桧
   Juniper planted by Confucius
   　　传为孔子亲手栽种的桧树，曾三枯三荣，今树为清雍正十年（1732）重生之树。

HISTORICAL SITES AND CULTURAL RELICS IN JINING

杏坛
Apricot Altar

　　为孔子当年讲学的地方。《庄子》记有孔子"休坐乎杏坛之上，弟子读书，孔子弦歌"之句，明代隆庆三年（1569）建亭纪念。

大成殿

Hall of Great Achievement

　　孔庙的主体建筑，为祭祀孔子的殿堂。大殿取义于《孟
子·万章下》："孔子之谓集大成"之语。内有孔子、四配、
十二哲的塑像。殿高24.8米，阔45.78米，进深24.9米。
今殿为清雍正二年（1725）重建，匾为雍正皇帝手书。

1. 大殿云龙柱
   Column decorated with patterns of clouds and dragons in the hall
2. 殿内祭器
   Sacrificial instruments in the hall
3. 孔子像
   Statue of Confucius

1. 四配像

Statues of Four Students of Confucius

　　大殿内孔子像两侧塑有颜回、曾参、子思、孟子四人像配享，称作四配。

2. 东庑神龛

Niche in the eastern wing

3. 西庑走廊

Corridor on the western wing

两庑

　　位于大殿前，分别称为东庑、西庑，内奉先贤、先儒156人。先贤即孔门弟子，先儒指对孔学有重大贡献者，先贤先儒从祀孔子始于唐代，之后的从祀者人数不断增加。从祀者均设神龛，供奉木主。

1. 圣迹殿

Hall with pictures about Confucius' Life

　　为孔庙中路上的最后一殿，殿内主要陈列有明代镌刻的120幅画图，有如今天的连环画，内容为孔子的生平事迹。

2. "圣迹图"碑

Monument with pictures about Confucius' Life

3. 孔宅故井与鲁壁

Well of Confucius and wall in which ancient texts of classics were found

　　均位于孔子故宅中，即今孔庙东路。故井即孔子生前使用过的水井。相传鲁壁在西汉鲁恭王拆除时曾于墙内发现古文经书，故后人为纪念此事恢复旧墙，并立碑以记。

1

1. 金丝堂
Gold String Hall
　为存放祭孔乐器及演练乐舞的地方,位于孔庙西路启圣门内,取音乐如丝之义命名。
2. "与天地参"碑
Stele with inscription "Consulting Heaven and Earth"
3. 钟楼
Bell tower

跨街鼓楼
Drum Tower striding across street

汉魏碑刻陈列馆

Exhibition hall for Han and Wei-dynasty steles

　　曲阜汉魏碑刻陈列馆建于1998年，是专为保护曲阜历代名碑和重要石刻而建的陈列馆，馆内收藏的大部分碑刻为孔庙内旧藏。该馆位于孔庙后原孔府西仓的位置，共有33间。陈列馆收藏了汉至清代的碑刻、墓志等130余块，陈列面积3500多平方米。其中西汉碑刻6块，东汉18块，是全国保存汉碑最多的地方。碑刻不仅数量多，质量也很高。北陛石、五凤石刻属于中国最早的汉碑。乙瑛碑、礼器碑、孔宙碑、史晨碑是汉代隶书的代表作，张猛龙碑是魏体的代表，米芾、党怀英、元好问、赵孟頫、张起岩、董其昌、李东阳、周天球、翁方纲等大家的作品，也是陈列馆中的重要组成部分。

1. 汉魏碑刻馆
   Hall for Han and Wei-dynasty steles
2. 汉碑一瞥
   Han-dynasty steles
3. 汉石人亭
   Pavilion with Han-dynasty stone statues

汉石人于乾隆五十九年（1794）由曲阜城南张曲村西移来，其一腹间刻"汉故乐安太守麃君亭长"10字，其二腹间刻"府门之卒"4字，为东汉麃君墓前遗物。

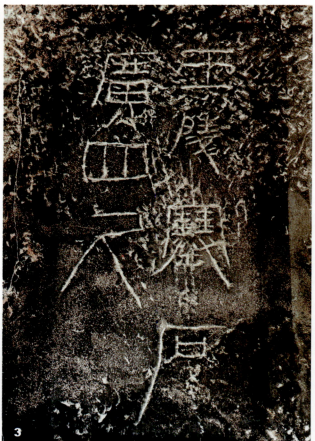

1. 孔君墓碑局部
   Monument to Kong Jun, detail
   　　孔君为孔子第19世孙，东
   汉人，其墓碑于乾隆五十八年
   （1793）由孔林墙外移入孔庙。
2. 泰山都尉孔君碑
   Monument to Taishan Defender
   Kong Jun
3. 西汉王陵塞石刻石
   Carving on the Stele Sealing King
   of State Lu's Tomb of Western
   Han Dynasty
4. 鲁孔子庙碑
   Monument in The Temple of
   Confucius

曲阜阙里过街坊
Archway riding over streets at Queli of Qufu

孔府　Mansion of Confucius

　　孔府位于曲阜城中，孔庙东邻，本名衍圣公府，是孔子嫡长孙居住的府第。1961年经国务院批准，公布为第一批全国重点文物保护单位。

　　"衍圣公"是北宋至和二年（1055）宋仁宗赐给孔子46代孙孔宗愿的封号，这一封号子孙相继，整整承袭了32代，历时880年。

　　孔子的嫡系长支为奉祀孔子，多住在阙里故宅，称袭封宅，后来晋升为公爵，才有较大的府第。今孔府即明代洪武年间重建的，清代又进行了多次增建，从而达到现在的规模。孔府占地面积约180亩，共有厅、堂、楼、房等建筑560间，三路布局，九进院落。东路即东学，建有一贯堂、慕恩堂、孔氏家庙及作坊等；西路即西学，有红萼轩、忠恕堂、安怀堂及花厅等；孔府的主体部分在中路，分前后两大部分，前为衙署，后为内宅，最后是花园。孔府内保存了大量的珍贵文物、资料，从封建王朝所赐帝后墨宝、御制诗文、儒家典籍、礼乐法器、文房四宝，到衍圣公着意收藏的孔子画像、元明衣冠、玉瓷古玩等等，藏品达10万余件。其中最为驰名的文物还有明清文书档案6万余件，是中国数量最多、时代最久的私家档案。

4

1. 孔府大门　Gate to the Mansion of Confucius
2. 六厅一瞥　Six Halls

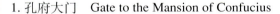

　　六厅，为孔府仿中央六部设置的办事机构，位于大堂前。分别是：管勾、典籍、知印、百户、司乐、掌书六厅。

3. 大堂　Main Hall

　　为孔府官衙的主体建筑，当年衍圣公在这里处理府内重大公务，如宣读圣旨、新主人入主、接待重要官员、贺岁、庆寿、申饬家法等。内置衍圣公出行时使用的仪仗。

4. 仪门　Yi Gate (Ceremonial Gate)

　　又称重光门、垂花门、垂珠门。因明嘉靖年间皇帝赐以"重光"，置城护庙，故设此门，并悬"恩赐重光"匾。此门平时不开，只有在迎接皇帝、迎接圣旨、孔府喜庆等大典时才启。

HISTORICAL SITES AND CULTURAL RELICS IN JINING

1. 大堂内景
   Inside the Great Hall
2. 孔府一角
   Corner of the Mansion of Confucius
3. 三堂
   Three Office Halls of the Residence
   为处理府内事务的地方。
4. 石流
   Stone water duct
   又叫石槽,置于内宅门东的墙壁上,这是当年孔府水夫倒水的地方。按照惯例,挑水夫之类的男仆不得进入内宅,他们挑来的水倒入石流流向内宅的缸内。从磨滑痕迹看,石流已久历岁月。
5. 避难楼
   Refuge Tower
   孔府主人及其眷属在战争或应急时避难之所。

前上房院

Main house in front yard

　　正房为孔府主人接待至亲和近支族人的地方。前面的东西厢房是府内收藏日用礼器的内库房和管账室。

1

1. 前堂楼

Front bedrooms

为孔府主人的居住楼。

2. 后堂楼

Rear bedrooms

为孔府成员的居住楼，末代衍圣公孔德成曾在这里居住。

3. 二堂启事厅内景　Exterior of the Announcement Chamber of the Second Hall

后花园
Back garden

1. 后花园一角
   Corner of Back Garden
2. 寿字碑
   Stele with the Chinese Character of Shou (Longevity)
   为慈禧太后赠给孔子76代孙孔令贻母亲彭氏
   的手书。
3. 红萼轩
   Red Flower Pavilion
   为孔府西路建筑之一，是当年衍圣公读书
   会客的地方。

忠恕堂院
Hall of Loyalty and Tolerance
　忠恕堂为孔府西路中部的建筑之一，为当年孔府主人与宾朋僚属交流、吟咏之处。

1

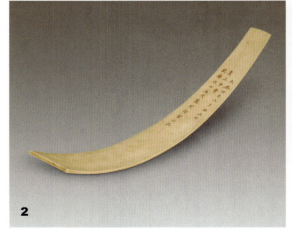

2

1. 孔府家庙

Ancestors' Temple in the Mansion of Confucius

2. 笏板

Scepter

3. 孔府档案

Archives of the Mansion of Confucius

　　孔府档案现收藏在孔府档案馆里。档案起自明嘉靖六年 (1527)，止于1948年曲阜城解放。其中明代62卷，清代6527卷，民国2394卷，是国内最大的一批私家档案。

4. 孔子讲学图

Chinese Painting of Confucius Giving a Lecture

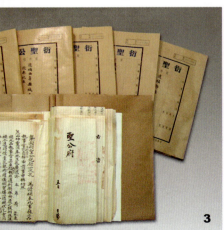

1. 暖帽

   Winter Hat

2. 兰地福寿金龙花绸袍

   Silk robe with patterns of golden dragons and Chinese characters of Fu (Blessing) and Shou (Longevity) on blue ground

3. 末代衍圣公孔德成日记

   Diary of Kong Decheng, the Last Lord Shenggong (heir of Confucius)

4. 镶边凤尾裙

   Phoenix-tail skirt with frill

5. 孔府碑刻

   Stele inscription in the Mansion of Confucius

HISTORICAL SITES AND CULTURAL RELICS IN JINING

孔林　Cemetery of Confucius

孔林位于曲阜老城北 1 公里处，是孔子及其家族的墓地。

孔林林区内有树木 10 万余株，明清古建筑近百间，因孔子被宋真宗追封为"至圣文宣王"，故孔林又称作"至圣林"，"至圣"即最高的圣人。孔子死后，弟子们把他葬于鲁城北泗水之上。随着孔子地位的日益提高及历代对孔林的不断增修，至清康熙年间，孔林已扩为 3000 亩，之后又修筑了林墙、林门等。两千多年来，孔子后裔入葬孔林的习俗一直在延续，故形成坟冢累累，碑碣林立，古木拥翠的苍凉景观。

"墓古千年在，林深五月寒"，孔林内共有树木 10 万多株。相传孔子死后，"弟子各以四方奇木来植，故多异树，鲁人世世代代无能名者"，其中有柏、桧、柞、榆、槐、楷、朴、枫、杨、柳、雒离、女桢、五味、樱花等。各类大树，盘根错节，枝繁叶茂；野菊、半夏、柴胡、太子参、灵芝等数百种植物，也依时争荣。林内碑石 3000 多块，尚有李东阳、严嵩、翁方纲、何绍基、康有为等书法大家亲笔题写的墓碑。因此，孔林称得上是名副其实的碑林。孔林是世界上延续时间最长的家族墓地。1961 年经国务院批准，公布为第一批全国重点文物保护单位。

1. 孔林神道
   Divine Path in the Cemetery of Confucius
2. "至圣林"木坊
   Wooden Archway of the Cemetery of Confucius
3. 万古长春坊
   Archway with the Inscription of "Wan Gu Chang Chun" (Eternal Spring)
4. 洙水桥石坊
   Stone arch at Zhushui Bridge

"至圣林"林门
Gate to the Cemetery of Confucius

泚水桥
Zhushui Bridge

1. 孔子墓前石仪
   Stone pillars in front of Confucius' Tomb
2. 孔子墓前翁仲
   Stone statues of Weng Zhong in front of Confucius' Tomb
3. 孔子墓
   Tomb of Confucius

1. 孔子墓享殿
   Sacrificial Hall at Confucius' Tomb
2. 孔子之子孔鲤墓
   Tomb of Kong Li, son of Confucius
3. 孔子之孙子思墓
   Tomb of Zi Si, grandson of Confucius

1. 子贡庐墓处
Site of the hut where Zi Gong, student of Confucius, observed six years of mourning after Confucius' death

　　是孔子弟子子贡为孔子守坟 6 年的住所，《史记·孔子世家》载，孔子死后"弟子皆服三年"，唯子贡"凡六年"。

2. 累累千年墓
Ancient Tombs

3. 孔尚任墓
Tomb of the dramatist Kong Shangren (1648 - 1718)

　　孔尚任（1648—1718），为孔子第 64 代孙，清代著名戏剧家，著有《桃花扇》等。

4. 碑石林立
Steles in the Cemetery of Confucius

5. 碑石一瞥
Steles

孔林石仪
Stone pillars in the Cemetery of Confucius

于氏坊
Archway for Lady Yu
为清代道光五年皇帝派官祭祀于氏之时所立。于氏为衍圣公孔庆镕之母，立坊之意在于褒扬于氏之贤行懿德。

二、古建筑

II. Ancient Buildings

孟庙及孟府　Temple of Mencius and Residence of Mencius

孟庙　Temple of Mencius

孟庙，又称亚圣庙，位于邹城市区南部，是历代祭祀孟子的庙宇。北宋景祐四年（1037），孔子四十五代孙孔道辅守兖州，始于邹城东北30里四基山之阳访得孟子墓，并在墓旁创建孟子庙。元丰八年（1085），迁建于县城东郭。宣和三年（1121），迁建于现址。经宋、元、明、清历代重修扩建，至清康熙五十四年（1715）形成目前规模。

孟庙平面呈长方形，现占地约2.4万平方米，前后五进院落，以主体建筑亚圣殿为中心，南北作中轴对称式配列，前三进建筑主要有棂星门、亚圣庙坊、泰山气象门、省牲所、祭器库、康熙碑亭。自第三进院落起分为左、中、右三路布局：中为承圣门，内有亚圣殿、寝殿、两庑、天震井、乾隆碑亭；东为启贤门，内有启圣殿、启圣寝殿；西为致敬门，内有致严堂、桃祖祠、焚帛池。整个建筑群包括四殿、两庑、一堂一祠、一库一所、两座碑亭、四座木坊、一座石坊。孟庙内保存有历代碑刻280余块，各种古树近300株，大多栽种于宋元时期。1988年经国务院批准，公布为第三批全国重点文物保护单位。2006年12月，作为世界文化遗产"三孔"扩展项目入选《中国世界文化遗产预备名单》。

1. 亚圣过街坊
   Archway of Mencius Striding Across Street
2. 棂星门
   Lingxing Gate (Gate of Literary Star)
3. 亚圣庙石坊
   Stone arch at the Temple of Mencius

泰山气象门
Gate of Grandeur of Mount Taishan

1. 古木森蔚
   Thriving ancient trees

2. 孟母断机处碑
   Monument to the site where Mencius' mother broke
   her loom to enlighten her son

   原在断机堂（今邹城南关）旧址，建国后移入孟庙。

3. 康熙御碑亭
   Pavilion of the stele with inscription by Emperor Kangxi

亚圣殿

Sacrificial Hall of Mencius

　　为孟庙的主体建筑，是奉祀孟子的殿堂，因元代至顺二年（1331）皇帝封孟子为"邹国亚圣公"，故名为"亚圣殿"。始建于北宋，今存者为清康熙七年（1668）地震倾塌后重建的。

HISTORICAL SITES AND CULTURAL RELICS IN JINING

1. 子思子作中庸处碑

Monument to the site where Zi Si Wrote the *Doctrine of the Mean*

　　原在子思祠旧址（今邹城南关因利渠北），建国后移入孟庙。

2. 寝殿

Sacrificial hall for Mencius' wife Tian

　　为奉祀孟子夫人田氏的殿堂，内奉木主。

3. 孟庙碑林

Steles in the Temple of Mencius

4. 天震井

Heaven-quake Well

　　清康熙七年（1668）大地震后，大殿前下陷，犹如深井，整修后命名为"天震井"。井旁碑云：为上天赐给孟子的一口井。

4

HISTORICAL SITES AND CULTURAL RELICS IN JINING

1. 启圣殿

Sacrificial hall for Mencius' father

　　为供奉孟子父亲孟孙激牌位的殿堂。

2. 孟母殿

Sacrificial hall for Mencius' mother

　　为供奉孟子母亲仉氏的殿宇，内奉木主。

3. 莱子侯刻石

Cai Zihou stone carving

　　为西汉天凤三年（16年）的刻石，清代嘉庆年间发现于邹县城南的卧虎山麓，后移入孟庙保存。

4. 秦峄山刻石

Qin-dynasty stone carving at Yishan Mountain

　　据《史记·秦始皇本纪》记载，秦始皇曾于公元前219年东巡，并登上峄山，由李斯撰文立碑，今存者为元代至元二十九年（1292）的复刻碑。

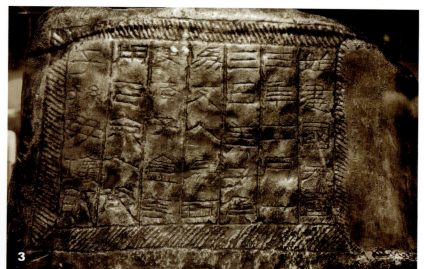

孟府

Mencius

　　孟府，又称亚圣府，位于邹城市区南部，是孟子嫡系后裔居住的地方。据考，始建于北宋末年。明景泰二年(1451)，皇帝赐孟子56代孙孟希文世袭翰林院五经博士后，孟府又称博士府。1935年，南京国民政府封孟子73代孙孟庆棠为亚圣奉祀官，至此世袭翰林院五经博士这一封号整整承袭了18代，历时484年。

　　孟府平面呈长方形，面积约2.1万平方米。前后七进院落，布局严谨，依次建有大门、礼门、仪门、大堂、世恩堂、赐书楼、上房院、缘绿楼、后花园等，有厅、堂、楼、房共计210余间。主体建筑分布在中路，前为官衙，后为内宅，是目前保存较为完整的贵族府第。1988年经国务院批准，公布为第三批全国重点文物保护单位。2006年12月，作为世界文化遗产"三孔"扩展项目入选《中国世界文化遗产预备名单》。

1. 孟府大门

   Gate to the Residence of Mencius

2. 礼门义路

   Gate of Rites and Road of Justice

3. 孟府仪门

   Yi Gate (Ceremonial Gate) in the Residence of Mencius

   　　仪门又叫垂花门，平时不开，只有在迎接圣旨，接待重要官员，或孟府
   重大典礼时开启。

4. 门楣

   Lintel

HISTORICAL SITES AND CULTURAL RELICS IN JINING

1. 孟府大堂

Main hall in the Residence of Mencius

　　为孟府的主体建筑，是官衙的主要构成部分，是迎接圣旨、接待重要官员、处理重要府务、申饬家法的殿堂。

2. 大堂前东厢房

East wing rooms in front of the main hall

3. 见山堂　Jianshan Hall

4. 日晷　Sundial

　　是利用太阳投影计量时间的工具。

5. 嘉量　Jialiang (an instrument to measure rice)

　　象征权力，嘉量本是计量粮米的工具，因量具只有国家才能颁行标准，故引申为孟府享有一定的特权，具有一定的地位和权力。框内原置量具。

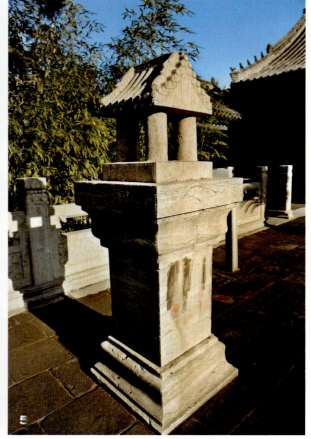

世恩堂
Shi En Hall (bedroom for masters of the Residence of Mencius)
为孟府主人居住的堂舍。

赐书楼
Building for Books Granted by Emperor

1

2

3

1. 孟府西跨院
   West yard in the Residence of
   Mencius
2. 明代蕉叶白端砚
   Ming-dynasty inkstone with
   carved patterns of banana leaves
   produced in Guangdong
3. 清仿建安瓦砚
   Qing-dynasty tile inkstone
   produced in imitation of inkstone
   of Jian'an era

崇觉寺铁塔
Iron Pagoda in the Chongjue Temple

位于济宁市城区古槐路38号院内，群众俗称铁塔寺。史载，铁塔寺原称崇觉寺，始建于北齐皇建元年（560）。北宋崇宁四年（1105）徐永安之妻常氏为还夫愿，独自出资在寺内建铁塔七级未封顶，至明万历九年（1581），济宁道台龚勉又增建二级，成为九级八角楼阁式铁塔，通高22.5米，是海内现存宋元时期最高的铁塔。铁塔以生铁铸件，组合而成，中空无法攀登。寺院内原有建筑近百间，大多早年倒塌。保护区内现存大雄宝殿、声远楼、僧格林沁祠（同治四年敕建）、汉碑室（民国十八年建）等建筑27间。1973年维修铁塔时，在明代增建层中发现铜佛、铜镜、敕令牌、《妙法莲花经》，在宋代塔室中出土有石棺、银匣、舍利子，现藏济宁市博物馆内。1988年经国务院批准，公布为第三批全国重点文物保护单位。

1. 铁塔声远楼
   Sheng Yuan (sound traveling far) building in the Iron Pagoda temple
2. 铁塔塔檐
   Eaves of the Iron Pagoda
3. 佛像
   Statue of Buddha
4. 佛像底座
   Base of statue of Buddha
5. 佛像局部
   Statue of Buddha, detail
6. 佛经
   Buddhist scripture
7. 佛经
   Buddhist scripture
8. 石函
   Stone casket
9. 银棺舍利
   Sharira in silver coffin

2

3

4

5

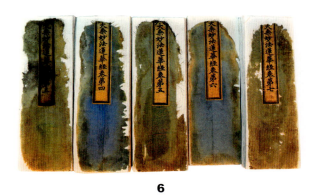

6

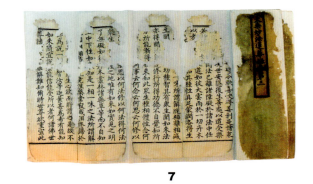

7

8

9

HISTORICAL SITES AND CULTURAL RELICS IN JINING

僧王祠

Temple of Prince Senge Rinchen

　　是纪念清代剿捻钦差大臣僧格林沁的祠宇,同治四年(1865)奉敕建造,以供当时的地方官员春秋奉祀。僧格林沁为亲王,同治年间与捻军交战中死于曹州西北的高楼寨村外麦地中,曾在剿捻大本营地济宁停棂,故在此设祠。祠中原祀有他的画像及其他战死将领。该祠属崇觉寺的附属建筑。

1. 僧王祠

　 Temple of Prince Senge Rinchen

2. 声远楼

　 Sheng Yuan building

　 汉碑室

　 Room for Han-dynasty steles

　　汉碑室地处铁塔寺东侧,属全国重点文物保护单位崇觉寺建筑群的组成部分,1977年曾作为单体公布为省级文物保护单位。室内现存汉碑10种,即襄盗刻石、朱君长刻石、四神刻石、景君碑、鲁峻

1

碑、武荣碑、郭泰碑、郑固碑、郑季宣碑、南薄残碑，另有曹魏时期的《范式碑》、《孔子见老子东汉画像石》等。济宁与市辖曲阜、邹城、嘉祥三县市的汉碑总量为39块，占全国现存70余块汉碑的50%之上，故学术界有"中国汉碑半济宁"之谓。

3. 济宁汉碑一瞥
Han-dynasty steles in Jining

4. 东汉景君碑
Jing Jun Monument of the Eastern Han Dynasty

颜庙　Temple of Yan Hui

颜庙位于曲阜城内，是祭祀孔子弟子颜回的庙宇。颜回，字子渊，因他学到了孔子思想的真谛，被后人推崇为家贫好学的典型。元文宗至顺元年（1330）被加封为兖国复圣公。至此，颜回便被尊称为复圣，颜庙又被称为复圣庙。

据《陋巷志》记载，在陋巷故址上建庙，是从汉高祖刘邦东巡过鲁祭孔同时祭颜子祠开始的，后经唐、宋、元、明、清各代重修扩建，到万历二十二年（1594）颜庙即达现存规模：占地35亩，殿、堂、亭、库、门、坊等159间，前后五进院落，分中、东、西三路。颜庙内碑碣林立，古树参天。颜庙主要建筑有复圣殿、寝殿、两庑、杞国公殿、退省厅、乐亭、陋巷井亭、正德碑亭、正统碑亭、复圣门、归仁门、仰圣门、克己门、复礼门、博文门、约礼门、杞国公门、见进门、复圣庙坊、卓冠贤科坊、优入圣域坊、陋巷坊等。颜庙于2001年经国务院批准，公布为第五批全国重点文物保护单位，并于2006年12月作为世界文化遗产"三孔"扩展项目入选《中国世界文化遗产预备名单》。

1

1. 复圣庙石坊
   Stone archway at the Temple of Yan Hui
2. 颜回像龛
   Niche with Yan Hui's statue
3. 复圣殿
   Hall of Yan Hui

　　为奉祀孔门弟子颜回的殿堂，元代文宗皇帝曾追封颜回为"充国复圣公"，故名"复圣殿"。

4. 陋巷井
   Well in a narrow alley

　　为颜回生前用过的水井。孔子曾说颜回"一箪食、一瓢饮,在陋巷",而颜回安贫乐道。

5. 颜回父杞国公殿
   Sacrificial Hall for Yan Hui's father

卞桥　Bianqiao Bridge

　　位于泗水县泉林镇卞桥村与泉林村之间的泗河上，始建于晚唐时期，金大定二十一年（1181）重修。明万历九年（1581）曾对部分栏板、望柱进行过补配。桥身长25米，宽7米，高6.5米，两端各有引桥。桥两侧各有14根望柱和13块栏板，栏板上刻有人物、花卉、山水、鸟兽等各种图案。桥身两端各有一对石狮相向蹲踞于须弥莲花座上。桥下中孔券顶上题刻："卞桥镇重修石桥自大定二十一年八月一日起工，至二十二年四月八日，谨记"共31字。桥下绿水长流，清波荡漾，旧为"泗水十景"之一。该桥正处在山东中南部由兖州、曲阜通往临沂的古代要道上，保存基本完好。时代仅次于赵州桥，为保留至今最古老的桥梁之一，2006年经国务院批准，公布为第六批全国重点文物保护单位。

1. 卞桥
   Bianqiao Bridge

2. 卞桥龙头
   Dragon head on Bianqiao Bridge

3. 雕龙
   Carved dragon

4. 桥栏雕饰之一
   Carved patterns on railing of the bridge

5. 桥栏雕饰之二
   Carved patterns on railing of the bridge

6. 桥栏雕饰之三
   Carved patterns on railing of the bridge

7. 卞桥题记
   Inscription on Bianqiao Bridge

卞桥
Bianqiao Bridge

曾庙　Temple of Zeng Shen

　　位于嘉祥县城南23公里的满硐乡南武山南麓，是祭祀曾子的地方。曾子，名参，字子舆，是孔子的著名弟子，孔子学说的正宗传人，以孝行称著，元至顺元年（1330），文宗皇帝追封曾子为"郕国宗圣公"，被尊为"宗圣"、"孝圣"。

　　曾庙，最早建于周考王十五年，原名"忠孝祠"。明正统九年重建后改称"宗圣庙"。又经明万历七年扩建及后世多次修缮，形成了现在的规模。曾庙坐北朝南，南北长276米，东西宽108米，占地面积29808平方米。建筑布局沿中轴线分中、左、右三路，共五进院落，重要建筑物有大门、戟门、景圣门、育英门、咏归门、慎独门、宗圣殿、寝殿、莱芜侯祠、三省堂、斋宿所、马厩、万历碑亭、乾隆御碑亭等30余座，殿、庑、厅、堂80余楹。庙内碑碣林立，古柏参天，更显肃穆壮观。2006年经国务院批准，公布为第六批全国重点文物保护单位，同年12月，作为世界文化遗产"三孔"扩展项目入选《中国世界文化遗产预备名单》。

1. 宗圣庙石坊
   Stone Archway at the Temple of Zeng Shen
2. 宗圣门
   Gate to the temple
3. 一贯心传坊
   Stone Arch of Devotion to Learning and Teaching of Confucian Thoughts
4. 三省自治坊
   Archway of "three daily self-examinations"
   　　取义于曾子的"吾日三省吾身"。

明万历碑亭
Wanli Stele Pavilion of the Ming Dynasty

1. 涌泉井
   Fountain well
2. 乾隆御碑亭
   Imperial stele pavilion of Emperor Qianlong
3. 戟门
   Halberd Gate

1

2

1. 宗圣殿

Sacrificial hall for Zeng Shen

　　为奉祀孔子弟子曾参的殿宇。元代文宗皇帝追封曾参为"宗圣",故名。殿内奉祀曾子塑像,两侧有其弟子子思、再传弟子孟子配享。

2. 曾子像龛

Niche with statue of Zeng Shen

3. 宗圣殿藻井

Caisson ceiling of the sacrificial hall for Zeng Shen

4. 三省堂

Hall of "three daily self-examinations"

HISTORICAL SITES AND CULTURAL RELICS IN JINING

莱芜侯祠
Temple Marquis of Laiwu, Zeng Shen's father
　　是供奉曾子父亲曾晳的祠堂。曾晳也是孔子的学生，宋
真宗大中祥符二年（1009）追封其为"莱芜侯"，故名。

尼山孔庙和书院　Confucian Temple and Academy on Nishan Mountain

　　尼山孔庙及书院位于曲阜市东南20公里处，这里即孔子出生地，地处尼山脚下，风光优美。据《魏书·地形志》记载："鲁县有叔梁庙"，"叔梁纥庙亦名尼山祠，在兖州泗水县五十里尼山东址"。五代后周显德（954–960）年间，兖州太守赵侯于尼山再建庙祠。宋庆历三年（1043），孔子46代孙袭封文宣公孔宗愿"作新宫庙，有殿、有寝、有讲堂、有学舍、有祭田。"遂达今日之规模。

　　尼山孔庙及书院建筑群包括尼山孔庙和尼山书院两部分。孔庙横分三路，五进院落，有棂星门、大殿、两庑、启圣殿、寝殿、毓圣侯祠等建筑，尼山书院在庙后百米处，有讲堂等。孔庙门前东侧临崖处，相传孔子在此观五川汇流，有后人建木构"观川亭"。《论语》载："子在川上曰，逝者如斯夫！"即指此地。观川亭东侧崖下有"坤灵洞"，因孔子在此降生，故称"夫子洞"。整座建筑群占地约1.6公顷，有殿、堂、祠、亭等大小建筑27座，81间，建筑面积1700平方米。尼山孔庙及书院，2006年经国务院批准，公布为第六批全国重点文物保护单位，同年12月，作为世界文化遗产"三孔"扩展项目入选《中国世界文化遗产预备名单》。

HISTORICAL SITES AND CULTURAL RELICS IN JINING

1. 尼山孔庙远眺
   Confucian Temple on Nishan Mountain in distance
2. 棂星门
   Ling Xing Gate （Gate Litexary Star）
3. 观川亭
   River-watching Pavilion

是纪念孔子观看五川汇流的亭子。《论语》载："子在川上曰，逝者如斯夫，不舍昼夜"，川上即此。

4. 大成殿院落
   Compound of the Hall of Great Achievement

大成殿是奉祀孔子的殿，两庑是供奉72弟子的地方。

大成殿
Hall of Great Achievement

1. 讲堂

Lecture room

　　为宋代"即庙为学"时的讲堂，后经多次重修。

2. 启圣王殿

Sacrificial hall for Confucius' father

　　为供奉孔子父亲叔梁纥的殿堂。

3. 毓圣侯殿

Sacrificial hall for Yusheng Marquis (god of Nishan Mountain)

　　为供奉尼山神的专祠。

1. 神庖
   Divine kitchen
2. 尼山书院外景
   Nishan Academy
3. 三门并列
   Three gates
4. 夫子洞
   Confucius' cave
   　　是孔子出生的地方，又名坤灵洞。传说孔子出生后，父亲嫌其丑陋弃之，一只母虎将其叼入洞中养起来，感动父母抱回。又传说孔子出生洞外，曾置于洞中喂养。

HISTORICAL SITES AND CULTURAL RELICS IN JINING

济宁东大寺　Dongda Mosque of Jining

　　位于济宁市城市中心，古运河河畔，是一处建筑宏伟，规模较大的清真寺，始建于明洪武年间，后经多次重修，现存大多为明清建筑。寺院面对运河，坐西向东，占地6650平方米，主要有石坊、大门、邦克亭、大殿、望月楼、水房、沐浴房、碑廊等。大殿的古建价值最高，殿由卷棚、正殿、后窑殿三部分连接而成，目前仍在使用，内部空间可容纳千人礼拜。2006年经国务院批准，公布为第六批全国重点文物保护单位。

东大寺鸟瞰
Dongda Mosque, a bird's eye view

1. 东大寺石坊
   Stone Archway in Dongda Mosque
2. 石坊星辰雕饰
   Caving of stars on the stone archway
3. 礼拜殿
   Hall for service
4. 礼拜殿内景
   Interior of the hall for service
5. 抱厦内景
   Interior of porch

5

1

望月楼
Moon-watching Tower

HISTORICAL SITES AND CULTURAL RELICS IN JINING

京杭大运河济宁段　Jining Section of the Jinghang Great Canal

　　大运河济宁段，主要由元时期的济州河、泗黄运道，明清时期的会通河、南阳新河、泇河，现代的梁济运河、湖西运道、湖中运道等不同历史时期的运河河道及其相关的引河、水柜、水利工程设施、相关历史遗存、聚落以及运河生态与景观环境组成。涉及现济宁市所辖的市中区、任城区、兖州市、梁山县、汶上县、嘉祥县、鱼台县、微山县等五县二区一个县级市行政区划范围。总长度（含被掩埋河道）约为587km。其中，元明清时期河道总长度约为293.55km，占总长度的50%；现代运河总长度约293.36km，占总长度的50%。2006年经国务院批准，公布为第六批全国重点文物保护单位。

1. 济宁段运河河道

Jining section of the Great Canal

2. 火头湾通济闸

Tongj Sluice Gate at Huotouwan

3. 明代会通桥

Ming-dynasty Huitong Bridge

在济宁城内草桥口西, 地处洸河与运河的交汇处, 跨于小洸河之上, 始建于明初, 清光绪三十一年 (1905) 重修。

4. 老运河夜色

Night on the Great Canal

5. 城内老运河明代石堤

Ming-dynasty Dyke on the Great Canal in the town

5

南旺分水龙王庙　Dragon King Temple at water diversion at Nanwang

　　位于汶上县南旺镇的汶水入运处。这里曾有明代永乐年间引汶济运的水利枢纽工程,属引汶分流南北的分水处,后建成以龙王庙为主的水神祠庙,故称"分水龙王庙"。龙王庙始建于明朝永乐年间(1403~1424),至清代不断增建,渐渐形成了众庙集聚的建筑群。建筑群包括龙王庙大殿、戏楼、禹王殿、水明楼、宋礼祠、白英祠、关帝庙、观音阁、莫公祠、文公祠、蚂蚱庙及和尚禅室等10余处院落,其中宋礼、白英、莫公、文公均为治理运河的名臣,与其他水神共享祭礼,同受香火。建筑群占地约56100平方米,其中建筑占地9338平方米。各个建筑虽年代不一,风格样式各异,却布局协调,院落交错,堪称为明清运河线上庙宇建筑的大观园。因南旺扼运河咽喉,事关漕运重责,因此清朝专门在南旺设立了汶上县南旺分县,县衙就设在龙王庙群观音阁后面,衙门还设文训、武训、河标营、漕标营,并设置了张公书院和南旺义学等。这些建筑与龙王庙已经浑然一体,更增添了南旺分水龙王庙建筑群的恢宏气势。分水龙王庙现存有禹王殿、宋公祠、关帝庙、观音阁、文公祠等建筑,其他倾圮的建筑已纳入复建计划。2006年经国务院批准,公布为第六批全国重点文物保护单位。

1. 柳林闸
   Liulin sluice gate
   　　为运河上的双闸,位于汶上县南旺镇的柳林村内。

2. 分水龙王庙建筑群一角
   Building complex at Dragon King Temple

3. 龙王庙建筑群遗址
   Sites of buildings at Dragon King Temple

金口坝 Jinkou Dam

金口坝位于兖州城东郊,即泗、沂交汇处上游,是一座石结构的古代水利枢纽工程。金口坝始建无可考,据《水经注·泗水》记载:"古结石为门,跨于水上也,"可推知在北魏之前即建此坝。1993年金口坝出土的北魏守桥石人背铭记载:此坝重建于北魏延昌三年(514),由兖州刺史元匡主持建造。隋代开皇年间,兖州刺史薛胄由金口坝引水西流至任城(今济宁)溉田,百姓颂为"薛公丰兖渠"。元至元二十年(1283)"开会通河,乃修胄旧渠为滚水石坝,引泗入运,"补充运河水量。金口坝因铁扣上铸有"金口坝"铭文而得名。坝东西长128米,宽10.1米,高2.6米,坝体开五洞,并装置闸门。

金口坝是一座集交通、灌溉、济运、抗洪、蓄水、游览等多功能为一体的古代水利枢纽工程。它充分体现了古代劳动人民杰出的建筑技术水平,具有重要的历史、艺术、科学研究价值。1992年经山东省人民政府批准,公布为第二批省级文物保护单位,2006年经国务院批准,公布为第六批全国重点文物保护单位。

4. 楔形石榫
   Cuniform stone peg
5. 金口坝水口
   Discharge opening in Jinkou Dam
6. 金口坝坝体
   Jinkou Dam

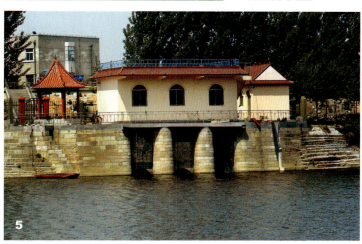

周公庙　Temple of Duke of Zhou

　　周公庙即周代鲁国太庙，位于曲阜城东北500米处的高阜上，鲁国故城的东部偏北，是后世祭祀元圣周公姬旦的庙宇。《曲阜县志》记载："武王十三年定天下，封公于少昊之墟曲阜，公不就封，留相武王。成王即位，命世子伯禽就封于鲁。"公元前11世纪，伯禽在鲁国国都中心建太庙，宋大中祥符元年（1008）建周公庙。周公庙坐北面南，为三进院落，总面积16000多平方米。庙前原有宽广的神道，长540多米，宽40多米，两侧尚存苍翠古柏。庙内有殿、亭、门、坊等21座，现存13座，57间，主要有棂星门、承德门、经天纬地和制礼作乐石坊、御碑亭、元圣殿、寝殿等建筑。庙内尚存宋元明清碑刻35通，为研究鲁国史和周公庙的沿革提供了珍贵的实物资料，其间桧、柏、楷、槐等古树庇荫，蔚为壮观。

1. 制礼作乐坊
   Archway for Rites and Music

　　周公重教化，曾制定周礼，为先秦典章制度建设的集大成者，此坊即为褒扬周公而建。

2. 棂星门
   Lingxing Gate (Gate of Literary Star)

3. 前院甬道
   Passageway in front courtyard

4. 经天纬地坊
   Archway "Jing Tian Wei Di" (Heaven as meridian and earth as latitude)

5. 古木
   Ancient trees

4

5

1. 元圣殿

   Hall for Duke of Zhou

   　为奉祀周公的殿堂，内祀周公塑像。

2. 周公庙小碑林

   Stele forest in the Temple of Duke of Zhou

3. 康熙御碑亭

   Imperial stele pavilion of Emperor Kangxi

汶上砖塔
Brick Pagoda of Wenshang

位于县城宝相寺院内，始建于宋代，原名太子灵踪塔，为八角十三层楼阁式砖塔，内有螺旋台阶从北门可至塔顶。1994年在葺修太子灵踪塔时，于塔宫发现了铭记有佛牙流传经历的石刻及金棺、银椁、舍利等114件佛教圣物，轰动了海内外佛教界。近年来，寺院内的供奉殿、大雄宝殿等建筑得以复建，成为当地的一处礼佛圣地。

1. 汶上砖塔
   Brick Pagoda of Wenshang
2. 银椁金棺
   Siver coffin and gold casket
3. 铜佛
   Bronze Buddha statue
4. 石函
   Stone casket

5. 水晶瓶
   Crystal bottle
6. 元丰四年塔宫石刻
   Stone carving in the pagoda executed in the fourth year of Yuanfeng Reign (1081)

1. 宝相寺前门（复建）
   Front gate to the Baoxiang Temple (reconstructed)
2. 大雄宝殿（复建）
   Hall of Mahavira (reconstructed)
3. 天王殿（复建）
   Hall of Heavenly Kings (reconstructed)

HISTORICAL SITES AND CULTURAL RELICS IN JINING

兴隆塔 Xinglong Pagoda

　　兴隆塔位于兖州城内东北隅兖州市博物馆内,始建于隋仁寿二年 (602),初有普乐寺,后普乐寺易为兴隆寺,兴隆塔由此得名。兴隆塔为砖木结构,共13层,高54米,为八角楼阁式空芯砖塔,底7层塔体粗大,层间设回廊,游人可拾阶而上。上6层骤缩细小,形成2米宽的阳台,台周设有石雕栏杆,扶栏远眺,兖州风物尽入眼底。上6层内的木梯已拆除。2008年8月对兖州兴隆塔地宫的维修加固中,出土有佛牙、舍利、石函、鎏金银棺、金瓶、"安葬舍利碑刻"等佛教文物,至为珍贵。1977年经山东省人民政府批准,公布为第一批省级文物保护单位。

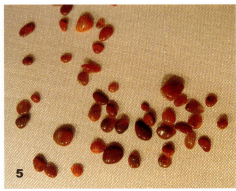

1. 兴隆塔
   Xinglong Pagoda
2. 石函
   Stone casket
3. 鎏金银棺
   Gilded silver coffin
4. 银棺图案
   Patterns on silver coffin
5. 舍利
   Sharira
6. 金瓶
   Gold bottle

洙泗书院　Zhusi Academy

　　位于曲阜城北2公里的泗河南岸，孔林墙东北角以外一公里许，坐北面南。《曲阜古迹考》载：洙泗书院"旧名为先师讲堂，在孔林之东北"，为当年孔子设教讲学处。元世宗至元年间，曲阜知县孔克钦因旧地创建为"洙泗书院"，成为瞻仰孔子、切磋学术的授业之地。明嘉靖三年（1524）巡按御史李献捐资重建。明天启七年（1627）六十二代孙曲阜知县孔闻简重建。现存建筑全系明代所建，清代重修。主要有大成殿五间、东西厢房各三间，讲堂三间、大门三间及神庖、更衣厅等。书院于1992年经山东省人民政府批准，公布为第二批省级文物保护单位。

1. 书院石坊
   Stone arch in the academy
2. 洙泗书院大成殿院落
   Yard of the Hall of Great
   Achievement at the Zhusi
   Academy
3. 大成殿
   Hall of Great Achievement
4. 讲堂
   Lecture hall

伏羲庙　Temple of Fu Xi

位于微山县两城镇刘庄村西北，背依凤凰山，面朝微山湖。伏羲即华人的祖先，史称"人祖"。《帝王世纪》载：伏羲葬南郡，或曰冢在山阳高平，唐代《十三道图》图经也说："陵上有庙"。今庙即山阳高平山（今凫山脉凤凰麓）之阳，陵已无迹。伏羲庙原为一组完整的建筑群，包括三圣阁、女娲殿、伏羲殿、钟鼓楼等，现仅存伏羲殿、女娲殿。伏羲殿建于高4米，边长150米的石彻露台之上，为5楹，长15.4米，宽9米，高8米，单檐歇山式，内有伏羲塑像，殿内石柱上刻有"维大宋国仙源县长福乡白塔村户头郭城，母韩氏、妻陈氏，弟都知兵马使郭京、妻邓氏，弟郭仪、妻张氏先有愿心，施三门石柱一条……"，"时大宋熙宁七年岁次乙卯三月……"等字样。由此可知，如今的伏羲殿，当是宋熙宁七年（1074）所建立框架。女娲殿在伏羲殿之后，3楹，殿内龛中塑有女娲像。

1. 伏羲庙大门（复建）
   Gate to the Temple of Fu Xi (reconstructed)
2. 房柱题记
   Inscriptions on columns
3. 伏羲殿
   Sacrificial Hall for Fu Xi
4. 檐角
   Eaves
5. 女娲殿
   Sacrificial Hall for Nü Wa

5

仲子庙　Temple of Zhong Zi

　　仲子庙，又称"卫圣庙"，是纪念孔子弟子仲由（字子路）的庙宇，坐落在微山县北部的鲁桥镇仲家浅村内。仲由为春秋末年鲁国卞（今山东泗水县）人，其后代西汉晚期迁往今微山仲家浅，唐开元年间在这里建庙以奉祀祖先仲由。仲子庙历经风雨，今存者大多为清康熙年间重建后的遗存。庙宇坐西朝东，门前即京杭运河干道，主要有大门、牌坊、穿堂、卫公大殿、寝殿、闻喜堂、中兴祠、两庑、斋宿所、神庖等建筑，卫公大殿内塑有仲子像。仲庙殿宇昂昂，古木森森，碑石点点，是一处肃穆高古的建筑群，诸多历史名人甚至康熙乾隆皇帝也借运河之便，登岸拜谒，为仲庙留下一大批碑刻、匾额、楹联等文化瑰珍。

1. 仲庙大门
   Gate to the Temple of Zhong Zi
2. 仲庙大殿
   Hall in the temple
   　　　为奉祀孔子弟子子路（名仲由）
   的殿堂。
3. 仲庙寝殿
   Rear hall in the temple
4. 子路像
   Statue of Zhong Zi

光善寺塔　Pagoda in the Guangshan Temple

　　坐落于金乡县城公园内，原名文峰塔，始建于大唐开元四年（716），原为九层，后存七层半；1938年5月，日本侵略者攻打金乡县城时，被轰去一层半。1999年修复为九层，2006年经山东省人民政府批准，公布为第三批省级文物保护单位。

光善寺塔
Pagoda in the Guangshan
Temple

汶上文庙　Confucian Temple of Wenshang

位于县城中心略偏东处，始建年代不详，"自唐而后，兴废乃可考焉"。据《汶上县志》载，唐穆宗"长庆四年（824）邢公审容实始葺之"。史载，春秋时孔子曾任中都（今汶上）宰之职，故该处孔庙较一般同级有别。庙内原有棂星门、金声玉振坊、金水桥、戟门、奎文阁、大成殿、明伦堂、东西两庑、乡贤祠、烈女祠等建筑，占地约 20000 平方米。庙内松柏森茂，碑碣林立，蔚然大观。庄于历经变迁，原有建筑有的毁圮，有的拆除，现尚存戟门、大成殿、明伦堂、乡贤祠、烈女祠，庶可观瞻。2006 年经山东省人民政府批准，公布为第三批省级文物保护单位。

1. 文庙大门
   Gate to the temple
2. 大成殿
   Hall of Great Achievements
   为供奉孔子的殿堂，内祀孔子及颜回、曾参、子思、孟子"四配"的塑像。

2

HISTORICAL SITES AND CULTURAL RELICS IN JINING

重兴塔　Chongxing Pagoda

重兴塔位于邹城市钢山街道北关古塔小区内,是我国目前北宋时期保存较少的八角楼阁式仿木结构砖塔之一,具有典型的民族风格。塔前原有佛寺一座,始名法兴寺,至元时重修,改名重兴寺。塔由基座、塔身、塔顶、地宫组成,共九层,高27.4米。基座正北辟门,东、南、西三面置方形龛室,北门内有南北斜向砖阶可逐级登至塔顶。1996年维修重兴塔时发现有北宋"嘉祐通宝",进一步确定了重兴塔的建造年代为北宋中期嘉祐年间(1056-1063)。对于研究北宋时期的建筑史、佛教史具有重要的资料价值。2006年经山东省人民政府批准,公布为第三批省级文物保护单位。

重兴塔　Chongxing Pagoda

青山寺
Qingshan Temple

　　青山寺坐落于嘉祥县城南7.5公里的青山上，山东侧有西周焦国故城遗址，青山寺原是祭祀西周焦国国王的祠堂，称"焦王祠"。北宋宣和三年（1121），又加封"焦王"为惠济公，故又称"惠济公庙"，群众习称"青山寺"。该寺始建年代无考，宋代以后，历代帝王、富户豪门对青山庙不断扩建，附近几省的善男信女也不断捐款在庙内修建其它建筑，于是形成了这座佛道同祭，众神聚居，独具特色的庙宇。2006年经山东省人民政府批准，公布为第三批省级文物保护单位。青山寺依山而建，坐东面西，自下而上，步步升高，分上中下三进院落，纵深约90米，南北阔约80米，占地面积7200平方米。现存建筑多为明清遗存，主要有牌坊、山门、惠济公殿、南北享殿、寝殿、子母殿、泰山行宫、迎客厅、万佛阁、振远亭、弘愿亭、角门、感应泉、玉液池等建筑。每年三月十五、四月初一、腊八、春节为传统青山庙会。目前，这里已成为人们休闲度假、旅游观光的理想场所。

1. 泰山行宫坊
   Memorial archway of the Temporary Imperial Palace on Mount Tai
2. 玉液池
   Jade liquid pool

1

3

2

5

1. 青檀古树
   Ancient wingceltis
2. 惠济公大殿
   Hall for Huiji Duke
3. 泰山行宫
   Temporary imperial palace at Mount Taishan
4. 惠济公殿内景
   Inside the Hall for Huiji Duke
5. 寝殿
   Rear hall

HISTORICAL SITES AND CULTURAL RELICS IN JINING

汶上关帝庙　Temple of Guan Yu in Wenshang

关帝庙位于汶上县县西大街路北，坐北朝南，是一组由庙门、正殿、两庑、寝殿、戏楼等组成的建筑群。正殿为关帝庙的主体建筑，三开间，歇山式建筑，系明代重建时的架构，梁上曾有嘉靖年间兵部尚书路迎的题记墨迹。殿内塑有关羽、关平、周仓等塑像，内墙上遍施壁画。1996年重修了庙门、两庑，恢复了昔日的庙貌，2006年经山东省人民政府批准，公布为第三批省级文物保护单位。

武圣殿　Hall for the Military Sage Guan Yu

柳行东寺
Liuxingdong Mosque

位于济宁市中区月河南岸，坐西朝东，为明代早期始建的清真寺。该寺古朴、肃穆，具有浓厚的伊斯兰建筑风格。寺院东西约80米，南北约40米，占地3200平方米。现存建筑有南北讲堂、水房、大殿等。其中大殿规制宏伟，由卷棚、主殿、后窑殿的房顶连接而成，为多脊建筑，故殿内空间大，便于人们集会礼拜，2006年山东省人民政府批准，公布为第三批省级文物保护单位。

5. 教泽孔长德政碑
   Monument to Imam Liu Hanguang

为襃扬寺内阿訇刘涵光的德政碑，立于1940年。刘在日本侵华期间设立避难所，收容赈济无数难民，为当地人所敬仰。

1. 柳行东寺大门
   Gate to the mosque
2. 礼拜殿卷棚
   Roof of the service hall
3. 礼拜殿内景
   Inside the service hall
4. 寺内一角
   In the temple

九仙山建筑群　Architectural Complex on Jiuxian Mountain

　　九仙山建筑群位于曲阜城北25公里处的九仙山上，创建于明代，清代进行大规模扩建。清康熙八年（1669）衍圣公孔毓圻主持在山上建造了碧霞元君殿、玉皇殿及观音堂等建筑。以后多有重修扩建。但历经风雨沧桑，现仅存一天门二天门旧址、南天门天梯、王母行宫等建筑。1997年文物部门与当地政府出资复建了红门宫、三清殿、三天门、南天门等建筑，并重新塑像，对外开放。2006年山东省人民政府批准，公布为第三批省级文物保护单位。

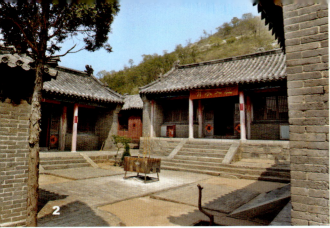

1. 红门宫外景
   Outside the Red
   Gate Palace
2. 红门宫建筑
   Buildings of the Red
   Gate Palace
3. 三天门
   Third Heavenly
   Gate

曲阜明故城城楼 Ming-dynasty Towers on the City Wall of Qufu

曲阜明故城城楼，即明故城南门、北门城楼。明正德六年（1511），刘六、刘七领导的农民起义军攻下了曲阜城，焚烧官衙，闯进孔庙，"秣马于庭，污书于池"，东兖道佥事潘珍上疏皇帝"移城卫庙"，皇帝批准，开始建城，至明嘉靖元年（1522）竣工，县治由仙源旧城移于新城以护庙。明故城在"文革"前后受到严重破坏，除保留南门、北门及东北、西北两个城角外，曲阜明代城墙全被拆除，遗留至今的两门、两城角已纳入保护范围。2006年经山东省人民政府批准，公布为第三批省级文物保护单位。

1. 瓮城　Enclosure for defence
2. 南城门　Southern gate of the town
3. 明故城西北角　Northwest of the ancient city wall of the Ming Dynasty

四基山观音庙　Temple of Guanyin (Bodhisattva) on Siji Mountain

　　四基山观音庙在曲阜城东南12公里，即南辛镇烟庄村南的四基山上。始建于明代，后经多次维修，庙内主要建筑为乾隆年间重建。庙在山套内，东、西、南三面环山，北面为山口，由此进山往南约500米处即庙院。庙内现存大门、二门、钟楼、观音殿、玉皇阁等建筑，观音殿及玉皇阁内分别塑有观音像、玉皇大帝像。2006年经山东省人民政府批准，公布为第三批省级文物保护单位。

四基山观音庙
Temple of Guanyin (Bodhi-
sattva) on Siji Mountain

曹氏家祠
Cao Family Ancestral Temple

　　曹氏家祠是嘉祥县梁宝寺镇曹姓家族祠堂，分为曹垓和曹庄两个家祠，建制较为完整。2006年经山东省人民政府批准，公布为第三批省级文物保护单位。曹垓家祠位于曹垓村中部，占地1541平方米。现存建筑主要有大门、仪门、东西配房、正殿等。该祠元代始建，现存建筑为明、清遗存。院内碑刻四块；曹庄家祠位于曹北村中部，属镇驻地。坐北朝南，占地1400平方米。现存建筑有大门、二门、大殿，皆灰瓦覆顶，殿前附建月台，现存建筑为清代。院内存有清代碑刻。

1. 曹氏祠堂（曹庄）
   Cao Family Ancestral Temple (Caozhuang)
2. 曹氏家祠大门（曹庄）
   Gate to Cao Family Ancestral Temple (Caozhuang)
3. 曹氏家祠（曹垓）
   Cao Family Ancestral Temple (Caogai)
4. 家祠前院（曹庄）
   Front yard of the temple (Caozhuang)

4

吕家宅院　　Lü Family Residence

　　位于济宁市老城中心的财神阁街路北，始建于晚清，为民族资本家吕静之的住宅。吕静之为民国初年人，其祖父吕福恒时已富甲一方。宅院含路南建筑，原有楼房瓦舍 200 余间，现存有穿堂、上房、堂楼、厢房等建筑 1400 多平方米。2006 年经山东省人民政府批准，公布为第三批省级文物保护单位。

1. 上房院
   Main rooms courtyard
2. 上房走廊
   Corridor of the main rooms
3. 堂楼院
   Courtyard with the main building

慈孝兼完坊　Archway of Benevolence and and Filial Piety

位于市中区翰林街南首，系清乾隆二十一年（1756）为旌表诰封奉直大夫王怀远之继妻孙氏敕建的节孝石坊。石坊高 12 米，宽 8 米，三楹楼阁式建筑，因坊楣正中有"慈孝兼完"四字，故名。石坊雕制精良，使用了圆雕、透雕、浮雕、线雕等技法，堪称艺术珍品。2006 年经山东省人民政府批准，公布为第三批省级文物保护单位。

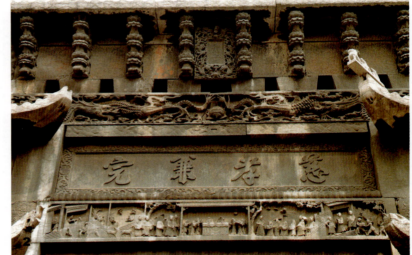

1. 慈孝兼完坊
   Archway of Benevolence and and Filial Piety
2. 坊额
   Inscribed board on the archway
3. 坊座
   Base of the archway

郑氏庄园　Zheng Family Manor

　　郑氏庄园位于兖州市颜店镇辖境内，原有三处大型庄园，现仅存洪福寺、郑郗村二处（另一处在原镇政府院内，建国后倾圮拆除，仅余阁楼二座）。郑氏乃豪门望族，明末清初时便富甲一方，后建庄园。据郑郗村庄园碑文记载，清嘉庆年间，该庄园雄踞乡野，规模壮观，由此可知，郑氏庄园最晚建于清朝中期。洪福寺郑氏庄园在洪福寺村内。清道光年间，原有三道围墙，现仅存第三道围墙。围墙砖石结构，高6.5米，南北长550米，东西宽280米，墙上置瞭望孔和枪眼。庄园院内原有房屋300余间，20世纪80年代多被改建成粮所用房或拆除；郑郗村庄园系郑氏三处庄园中保存较好的庄园。原有四进十四庭院，分左中右三路，西跨两院，另有后楼、花园等，现存中路二院，东路三院，房屋74间；房屋为青砖灰瓦兽脊，跨廊，美观典雅。庄院围墙南北长125米，东西宽65米。解放后，为防止房顶漏雨，重新铺设新瓦，但其整体建筑风格未变。

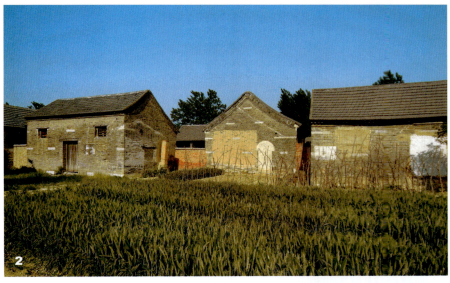

1. 郑氏庄园院墙（洪福寺）
   Wall surrounding Zheng Family Manor (Hongfusi)
2. 郑氏庄园（郑郗庄）
   Zheng Family Manor (Zhengxizhuang)
3. 庄园房舍（郑郗庄）
   Houses in Zheng Family Manor (Zhengxizhuang)

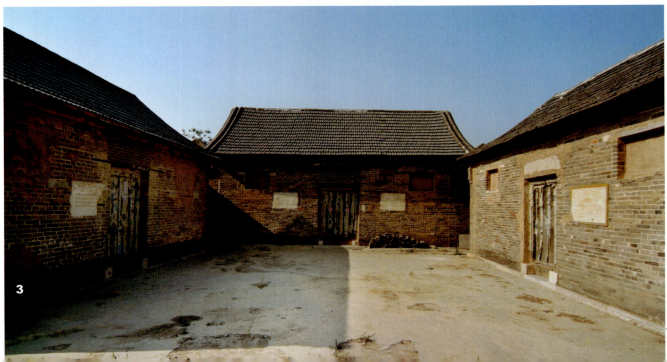

HISTORICAL SITES AND CULTURAL

石门寺建筑群　Architectural Complex of the Shimen Temple

位于曲阜城东北25公里处的石门山上。其建筑始建年代不详，宋元时称全真观，是峄山道场的下院。明景泰七年（1456）重建为佛寺，更名玉泉寺，习称石门寺。原有门、楼、殿、堂、阁、亭等各种建筑70余间，现仅存山门及佛殿一组，造型简约，均为清代后世改建重修后的建筑。包括山门、大殿、两庑、钟鼓楼、藏经楼、鹤梦楼及僧舍等。在山门西北处有"孤云草堂"三间，为孔尚任隐居旧址，相传清初孔尚任于此著作《桃花扇》和《高山灵文》赋。寺院所在的石门山1992年被公布为国家级森林公园，文物与山林共处，更增添了园林的人文魅力。建筑群于2006年经山东省人民政府批准，公布为第三批省级文物保护单位。

1. 石门山远眺
   Shimen Mountain in distance

2. 大殿
   Main hall

3. 山门
   Gate to the temple

1. 佛经阁
   Pavilion of Buddhist scriptures
2. 僧房小院
   Small courtyard with monk's rooms
3. 石门寺一角
   A corner of the Shimen Temple
4. 菩萨殿
   Hall for Bodhisattvas

鱼台孔庙大殿
The Great Hall of the Confucius Temple at Yutai

坐落于鱼城镇鱼台县二中院内。该庙始建于1757年（清乾隆二十二年），主体建筑大成殿长23.7米，宽15.3米，高15.5米，占地面积362平方米。庙内原有明伦堂、名宦祠、两庑等建筑近百间。1938年5月，日军攻打县城时，炮火摧毁了大殿正中二楹。之后附属建筑相继拆毁，经当时的鱼台孔孟学会抢救、维修，只剩大成殿保存至今。2006年经山东省人民政府批准，公布为第三批省级文物保护单位。

鱼台孔庙大殿　The Great Hall of the Confucius Temple at Yutai

岳氏家祠   Yue Family Ancestral Temple

岳氏家祠位于嘉祥县孟姑集乡岳楼村内，清康熙二十五年（1686）始建，2006年经山东省人民政府批准，公布为第三批省级文物保护单位。据《岳氏族谱》记载：岳楼村岳姓一族为岳飞的后裔，于明代迁来，清顺治年间有族人岳峰秀中进士入仕，卒后始建家祠奉祀。家祠坐北朝南，占地3915平方米，共分两进院落。现存大门、二门、大殿、配房等建筑，碑刻六块。大殿面阔五间，硬山式建筑，内供奉岳氏先祖岳飞塑像及后裔牌位。

1. 岳氏家祠大门
   Gate to Yue Family Ancestral Temple
2. 家祠大院
   Courtyard of the temple

金乡节孝坊　Archway for Chastity and Filial Piety in Jinxiang

　　位于金乡县城清真街南首路东，清道光二十八年（1848）建，是为本县生员李石麟妻周氏所建的"勒褒节孝"牌坊。2006年经山东省人民政府批准，公布为第三批省级文物保护单位。

1. 节孝坊
   Archway for Chastity and
   Filial Piety
2. 节孝坊雕饰之一
   Decorative carving on the
   archway

3. 节孝坊雕饰之二
   Decorative carving on the archway
4. 节孝坊雕饰之三
   Decorative carving on the archway

孟母三迁祠

Memorial Temple of Mencius' Mother Who Moves Three Times to Educate Her Son

孟母三迁祠位于邹城西北郊的庙户营村内，是为纪念孟母三迁择邻兴建的一座祠宇，现有正殿、东配房、懿德堂以及门楼等建筑。孟母三迁的故事曾广为传颂。孟母由近墓之舍迁至市旁之居，最后迁到学宫之旁，庙户营即二迁所到之处——市旁之居。清代康熙五十二年（1713），孟氏后裔孟衍榛等始建三迁祠，2006年经山东省人民政府批准，公布为第三批省级文物保护单位。

1. 三迁祠院门
   Gate to the temple

2. 孟母祠
   Memorial Temple of Mencius' Mother

3. 懿德堂
   Hall of Virtue

太白楼　Taibai Pavilion (Pavilion Where the Great Poet Li Bai Once Drank)

位于济宁市中区运河北岸，即今太白中路路北，为纪念李白寄家任城（今济宁）的地方。据《旧唐书》、《太平广记》等史籍记载，李白于唐开元二十四年（736）迁家任城，就住在这座酒楼上。因常在"酒楼，日与同志荒饮"，故唐末吴兴人沈光篆书"太白酒楼"匾额，作《李翰林酒楼记》，原李白居住并经常饮酒的贺兰氏酒楼以太白楼之名传诸后世。明洪武二十四年（1391）迁于现址，1952年又将太白楼重建。今太白楼尚存唐代以来碑刻40余块，并有《李白生平事迹陈列》。1985年经济宁市人民政府批准，公布为第一批市级文物保护单位。

1. 太白楼
   Taibai Pavilion (Pavilion where the great
   poet Li Bai once drank)
2. 李白手书壮观碑
   Stele of Li Bai's Calligraphy
3. 明代诗酒英豪石刻
   Ming-dynasty stele on poetry, drinking
   and heroic spirit
4. 太白楼一角
   A corner of the Taibai Pavilion

竹杆巷　Bamboo Pole Lane

竹杆巷（含纸坊街、纸店街、汉石桥街），位于济宁市中区元代老运河的河西、河南处，为元明清时期的商业街巷，其营业形式是前店后厂，底营上居。竹杆巷的店铺主营竹编竹器，纸店、纸坊、汉石桥街的商铺主营纸扎、纸印及其艺术纸品，这些古老商业街的形成，是运河贯通后商业繁荣的结晶。1958年经济宁市人民政府批准，公布为第一批市级文物保护单位。

竹杆巷
Bamboo Pole Lane

青莲阁
Qinglian's (Li Bai's) Pavilion

青莲阁位于兖州城东泗河西岸（今铁路医院院内），为纪念李白所建。始建无可考，明嘉靖年间(1522～1566)知县李知茂重修，后倾圮。现存建筑为道光间邑令冯云鹓重建，阁为砖木结构，三间二层楼阁式，硬山顶，前面设廊，内设木质楼梯、地板。阁内曾塑李白及两子女像。

青莲阁
Qinglian's Pavilion

玄帝庙大殿
Main Hall of the Temple of Xuandi

玄帝庙位于兖州市颜店村内，始建于明代，现仅存大殿。大殿座落在台基上，坐北朝南，面阔五间，长17.25米，进深10.05米，硬山式建筑，殿内存有明代壁画，现已模糊不清。1985年经济宁市人民政府批准，公布为第一批市级文物保护单位。

玄帝庙大殿 Main Hall of the Temple of Xuandi

王楼王氏家庙和张楼张氏庄园
Wang Family Ancestral Temple at Wanglou Village and Zhang Family Manor at Zhanglou Village

王楼王氏家庙位于汶上县杨店乡王楼村西北。王氏家庙始建于清，占地面积2500平方米，坐北朝南，现庙内存有大殿5间、西庑三间和大门；张楼张氏庄园地处汶上县杨店乡驻地，始建于明末，即崇祯年间的土绅张洙典，至民国时期的张茂栋达到鼎盛。现有正房5间，东西配房各三间，破坏较严重。张氏庄园建筑群代表了中国北方清代民居的特色。现被杨店乡粮所占用。1986年经济宁市人民政府批准，公布为第二批市级文物保护单位。

张氏庄园住宅院
Living quarters in Zhang Family Manor

冉子祠　Temple of Ran Zi

　　冉子（前522——前489），名求，字子有，孔子弟子，孔门七十二贤之一，明嘉靖改称"先贤冉子"。冉子祠，是祭祀冉子的专祠，位于嘉祥县黄垓乡黄垓村北。现存祠堂三间，坐北朝南，祠前两棵古柏。其中，西柏树围8.51米，树顶覆盖面积180平方米，蔚为壮观。祠后为冉子墓与墓碑，至今保存完好。1985年经济宁市人民政府批准，公布为第一批市级文物保护单位。

冉子祠　Temple of Ran Zi

智照禅师塔　Memorial Pagoda for Buddhist Master Zhi Zhao

　　即金代普照寺智照和尚（1150—1195）所建的石塔。建国后，寺院与石塔倾塌，20世纪60年代将10层移入人民公园。1985年，人民公园管委会按原样复立于假山上，共13层。

塔照　Memorial Pagoda

大石桥
Great Stone Bridge

夏桥
Xiaqiao Bridge

太和桥
Taihe Bridge

李守信门坊　Archway for Li Shouxin

　　位于市中区大运河西岸，即东大寺南墙外。始建于明万历四十六年（1618）十一月，单楹门楼式，额书"旌表孝行生员李守信之门"。2001年经济宁市人民政府批准，公布为第三批市级文物保护单位。

1. 李守信门坊
   Archway for Li Shouxin
2. 李守信门坊坊额
   Panel on the Archway for Li Shouxin

汪杰妻程氏贞节坊
Chastity Archway for Cheng, Wang Jie's Wife

位于济宁市中区大运河西岸，为明万历四年（1576）建造的石坊，楣书"柏舟勤节"四字，右刻撰书人姓名，下刻："旌表故民汪杰妻程氏贞节之门"。2001年经济宁市人民政府批准，公布为第三批市级文物保护单位。

1. 程氏坊
   Chastity Archway for Cheng
2. 程氏坊坊额
   Panel on the Archway for Cheng

龙山玉皇殿　Jade Emperor Hall on Longshan Mountain

　　龙山玉皇殿位于邹城市香城镇代村南龙山之上，全石结构，硬山式建筑，坐北向南，东西长8米，南北宽5米，高5.1米。玉皇殿建于明崇祯三年（1630），殿内原有玉皇像龛，今已毁，现仅存清康熙二十五年（1686）立《重修寨山玉皇阁关帝庙》残碑一块。2001年经济宁市人民政府批准，公布为第三批市级文物保护单位。

玉皇殿 Jade Emperor Hall

韩氏家祠
Han Family Ancestral Temple

　　韩氏家祠位于梁宝寺镇韩垓村，为韩氏家族的祠堂，始建于明万历初年，至今已有四百多年。2001年经济宁市人民政府批准，公布为第三批市级文物保护单位。韩氏家祠包括大门、大殿、寝殿、东西耳房、东西两厢房共15间，寝殿后置有花园，总占地约3600平方米。家祠至今仍是族人祭祖、集会的场所。祠内外的立柱、坊间、檐下、龛侧、门楣等处置有众多匾额、楹联，殿内供案、笙、管、笛、筝、锣鼓、韩氏族谱等礼乐祭器，敬祖物品一应俱全，为古代民俗研究提供了一处珍贵可信的场所。

1. 韩氏家祠
   Han Family Ancestral Temple
2. 韩氏家祠外厅
   Outer hall in the Han Family Ancestral Temple

琵琶山石塔　Stone Pagoda on Pipa Mountain

　　位于汶上县军屯乡杨庄东南琵琶山南山腰中，市级文物保护单位。为明代金刚式石塔，高3米。塔身南面留门，门为长方形，高1.48米，宽0.64米，塔刹用石灰模成，圆锥状顶，塔内后壁雕佛像三尊，保存较好。

1. 琵琶山石塔
   Stone Pagoda on Pipa
   Mountain
2. 塔内造像
   Statues in the pagoda

奎星楼
Pavilion for God of Con-stellation Kui

位于金乡县城星湖公园内，明万历二十七年（1599）金乡县知县彭鲲化建造，历经三次修复。1983年重建凌云桥，奎星楼也重新修复。2001年经济宁市人民政府批准，公布为第三批市级文物保护单位。

奎星楼
Pavilion for God of
Constellation Kui

闵子祠　Temple of Min Ziqian

为奉祀孔子弟子闵子骞的祠堂，并奉祀族内名人，位于今鱼台县张黄镇大闵村，建于清康熙六十年（1721）。"文革"中，大殿被毁，现仅存东西配殿各三间。2001年经济宁市人民政府批准，公布为第三批市级文物保护单位。

闵子祠　Temple of Min Ziqian

1

安山寺（罗汉洞）　Temple by Anshan Mountain (Arhat Cave)

　　安山寺位于泗水县泗张乡安山西侧。本名涌泉寺，因东靠安山，俗称安山寺。安山寺始建于唐贞观二十三年（649），原有大雄宝殿、天王殿、伽蓝殿、祖师殿、禅房等建筑，现存清代大雄宝殿三间、历代碑碣6块。罗汉洞在安山寺路东；绝壁下排列6洞，南向，以西洞最大，洞内原有石雕罗汉像。现存民国碑1块及西洞内零乱单字60余个，大者盈尺，小者寸余，无有识字。据考察，洞原为自然形成，后又经过人工开凿。俗称为十八罗汉洞。2001年经济宁市人民政府批准，公布为第三批市级文物保护单位。

1. 安山寺
   Temple by Anshan Mountain
2. 银杏沧桑
   Ancient Ginko

3. 安山寺大殿院
   Courtyard of the main hall of the temple

HISTORICAL SITES AND CULTURAL RELICS IN JINING

三、古墓葬
III. Ancient Tombs

汉鲁王墓　Han-dynasty Tombs of the Kings of State Lu

　　汉鲁王墓位于曲阜市和邹城市境内，曲阜市所属的共有8座，其中九龙山之阳5座，亭山面西的两座，孟母林内马鞍山上面东的一座。邹城市所属的共有6座，分别是四基山上3座，云山上3座。

　　据考古调查和史书记载，自西汉高后吕雉元年（前187）始封其外孙张偃为鲁王，至东汉末年，两汉鲁国共历十四王。曲阜九龙山汉鲁王墓共5座，皆位于半山腰处，依山凿洞，属西汉崖墓。1970年5月，发掘清理了西边的四座，其中3号墓墓道南北长37.5米，东西宽4.6—4.8米，壁高18.4米。内置甬道、前室、后室、耳室，以石门封堵，后室置棺床，其中石门刻有"王陵塞石"四字。其余三座墓的布局与3号墓大致相同。2001年经国务院批准，公布为第五批全国重点文物保护单位。

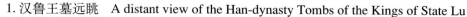

1. 汉鲁王墓远眺　A distant view of the Han-dynasty Tombs of the Kings of State Lu
2. 3号墓墓道崖壁　Cliffside of the passageway to Tomb 3
3. 3号墓甬道　Passageway to Tomb 3
4. 3号墓二道门与耳室　Second entrance and side chamber in Tomb 3
5. 3号墓右耳室内景　Inside the right chamber of Tomb 3

萧王庄墓群　Ancient Tombs at Xiaowangzhuang Village

　　地处济宁城北郊的萧王庄村南，为东汉任城国国王及嫔妃的墓区。这里原分布有九座大墓，群众俗称"九女堌堆"，现仅存四座坟头，其余已夷为平地。其中一号墓最大，直径50米，高约10米，经上级文物部门批准，1992年对其进行了发掘，现已对外开放。1号墓虽早年被盗，仍出土部分文物，尤其珍贵的是800余块题凑石材镌刻有题记，总字数在4000字以上，是汉代民间书法之瑰宝。2006年经国务院批准，公布为第六批全国重点文物保护单位。

1. 萧王庄墓群古墓
   Ancient tombs at
   Xiaowangzhuang Village
2. 一号墓墓道入口
   Entrance to Tomb 1
3. 墓石室结构
   Stone structure of the tomb
4. 石材题记之一
   Stone inscription
5. 石材题记之二
   Stone inscription

明鲁王墓群　Tombs of Ming-dynasty Princes Lu

　　明鲁王墓包括鲁荒王、鲁靖王、鲁钜野王及其嫔妃的陵墓，这批墓葬均凿石为穴，入葬山中。在邹城市东北12公里处的九龙山南麓，有明太祖朱元璋第十子朱檀（1370－1389）及其汤妃、戈妃的陵墓，是明代亲王第一陵园。陵区南北长1200米，东西宽800米，总占地96万平方米。整个陵区居高临下，向阳濒水，藏风聚气，碧色参天，一派皇家气象。陵区分导引、外城和内城三大部分，原建有内外城墙，地面建筑有御桥、陵门、祾恩门、享殿、明楼等。陵园为内城部分，下有朱檀、汤妃、戈妃三个墓室。朱檀墓距地表26米深，为规模宏大的地下宫殿，1970年由文物部门对其发掘，出土文物1300多件，分为冠服、琴棋书画、葬仪品、家具四大类；靖王墓位于邹城市大束镇官厅村北，是鲁王朱檀庶第一子朱肇煇（1388－1466）的墓葬；钜野王墓在邹城市中心店镇皇裔村，是鲁靖王朱肇辉第四子朱泰墱（1416－1467）及其妃子的墓葬。 2006年经国务院批准，公布为第六批全国重点文物保护单位。

1

1. 陵园大门
   Gate to the mausoleum
2. 明楼
   Pavilion in front of tombs
3. 朱檀墓墓门
   Gate of Prince Zhu Tan's Tomb
4. 朱檀墓棺室
   Coffin chamber of Prince Zhu Tan's Tomb
5. 戈妃墓墓道
   Passageway into Concubine Ge's tomb

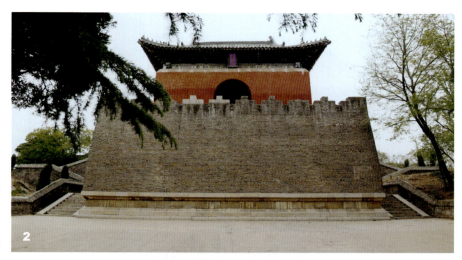

孟林　Tombs of Mencius and His Descendents

　　孟林是孟子及其后裔的墓地，位于邹城市大束镇西山头村北四基山西麓。林墓依山势而建，随山就势，呈东高西低状，苍松掩映，翠柏环护，碑碣斑驳。林地面积约60万平方米，是海内最早的家族墓地之一。林内现存有桧、柏、榆、槐、楷、楸、枫、柞、杨等古树万余株。林墓周围，绿树掩映，芳草如茵，坟冢点点，碑碣林立，呈现出苍凉之美。

　　据林内"新建孟子庙记"碑载，北宋景祐四年（1037），孔子45代孙孔道辅知兖州时找到了孟子的坟墓，并在墓旁创建了孟子庙。宋元丰七年(1084)增修墓庙，广植柏桧。明嘉靖四十一年(1562)，邹县令章时鸾协同孟氏后裔创建正殿、厢房、二门等共计14楹。孟子墓居林之中部，前有神道、大门及享殿，后为山林。孟子墓西北有古冢三座，相传为鲁国孟孙、季孙、叔孙之墓。2006年，孟林作为"孟庙及孟府"扩展项目经国务院批准，公布为第六批全国重点文物保护单位。2006年12月，作为世界文化遗产"三孔"扩展项目入选《中国世界文化遗产预备名单》。

1

1. 孟林神道
   Divine path to the tombs
2. 孟林享殿
   Sacrificial hall of the tombs
3. 孟子墓
   Mencius' tomb
4. 孟子墓围墙
   Wall surrounding Mencius' tomb
5. 坟冢累累
   Tombs

防山墓群
Tombs at Fangshan Mountain

防山墓群位于曲阜城东防山西麓，时代为周、汉。原有古冢22座，现存封土墓10座，封土最大的直径约71米，斜高40米，墓前均无碑碣。据已暴露的墓葬所示，墓室为依山凿石而直下，前有墓道，上为封土。据《曲阜县志》记载，防山墓群属周代鲁诸公墓。究竟是周代鲁国国君墓还是汉代王侯墓，有待新证据。2003年9月，曾对7号墓进行了抢救性考古发掘，已知该墓的时代为东汉。防山7号墓的成功断代对了解整个防山墓群内涵有着参考性的意义。1977年经山东省人民政府批准，公布为第一批省级文物保护单位。

坟冢之一　One of the Tombs

姜村古墓　Ancient Tombs at Jiangcun Village

姜村古墓位于曲阜城南小雪镇姜村村北，此处原有古冢14座，13座已夷为平地，仅存此墓。该墓封土南北长105米，东西宽97米，斜面高度55米，封土经过夯实，夯层分明。有关史志曾推测这里是周代鲁诸公墓，待证实。仅从暴露出的陶片、砖瓦等断为汉代墓葬。1977年经山东省人民政府批准，公布为第一批省级文物保护单位。

姜村古墓　Ancient Tombs at Jiangcun Village

孟母林墓群　Tombs of Mencius' Parents and Family

　　孟母林位于曲阜城南12公里处的凫村村东马鞍山麓。孟母林是埋葬亚圣孟子父母及其孟氏子孙的墓园。孟母三迁择邻、断机教子的故事历代相传，故墓地俗称之"孟母林"。孟母林占地578亩，内有一红墙环绕的院落，院内享殿3间，享殿后院，树有神位碑，上刻楷书"启圣邾国公端范宣献夫人神位"。享殿西50米处，是孟子父母合葬之墓，墓前置石鼎炉、石烛台、石供案。孟母墓西北是孟子的从弟孟仲子墓，又传说为孟氏二世祖墓。孟母墓的东北，为孟子45代孙、宋代中兴祖孟宁墓。孟母林共有柏、桧、橡、槐等古树一万余株，林内坟冢累累，碑仪横陈，是世界上最早的家族墓地之一。

　　孟子故宅：孟母林之西的凫村，是孟子的出生地。村内建有"孟子故里"木坊一座。往西有坐北面南的一处宅院，大门楼上悬有"孟子故宅"竖匾一方。院中有正殿3间，内有孟子父母塑像，孟氏始祖孟子、中兴祖孟宁配享。院内尚存古柏5株。故宅门外原有"孟母池"、"孟母井"，井旁有清光绪年间立的"重修井台"石碑一幢。孟母林于1977年经山东省人民政府批准，公布为第一批省级文物保护单位。

孟母林林门　Gate to the tombs

1. 孟母林古木　*Ancient trees*

2. 享殿　*Sacrificial hall*

3. 孟子父母合葬墓　*Tomb of Mencius' Parents*

　　孟子父孟孙激，鲁国孟孙氏后裔。此为孟母仉氏与孟孙激的合葬墓。

4. 孟子故里坊　*Archway marking Mencius' hometown*

5. 孟仲子墓　*Tomb of Meng Zhongzi*

6. 孟氏中兴祖孟宁墓　*Tomb of Meng Ning*

7. 孟子故里祠院门　*Gate to the temple in Mencius' hometown*

8. 孟母祠　*Temple of Mencius' Mother*

7

8

少昊陵
Mausoleum of Shao Hao

位于曲阜城东郊的旧县一街东北隅，是五帝之一少昊的陵墓。

《帝王世纪》载："少昊自穷桑以登帝位，徙都曲阜，崩葬云阳山，"云阳山即今天的少昊陵。陵园南北长231米，东西宽90米，周有墙垣，陵前为林道，陵门3间，门前石坊一座，上刻"少昊陵"3字。院内有享殿、配殿。享殿后便是金字塔式的陵墓，以2662块磨光料石垒砌而成，呈覆斗状，俗称"万石山"。少昊陵园内古柏苍翠，环境肃穆，是凭吊先祖的好去处。1977年经山东省人民政府批准，公布为第一批省级文物保护单位。

1

2

1. 少昊陵石坊
   Stone archway at the Mausoleum of Shao Hao
2. 少昊陵神道
   Divine path to the Mausoleum of Shao Hao
3. 少昊陵享殿
   Sacrificial hall
4. 陵园大门
   Gate to the mausoleum
5. 少昊陵墓
   Tomb of Shao Hao
6. 陵园内土冢
   A mound in the cemetery

安丘王墓群　Ming-dynasty Tombs of Prince Anqiu and His Descendens

位于曲阜市吴村镇王林村后的九仙山下，为明代早期郡王墓地。有墓葬3座，封土最高者直径80米，斜面高35米；一座于1958年墓室下塌，出土一合圹志铭，曰："鲁府安丘王镇国将军圹志铭"，篆书阴线刻，据底铭知墓主为第三代安丘王朱阳釜的第三子、镇国将军朱当沿。据史载，朱元璋封其第十子朱檀为鲁王，于兖州立国，死后谥为"荒王"。第二代鲁王是靖王朱肇辉，明宣德二年（1427）其第四庶子朱泰壄被封为安丘王，谥号"靖恭"。朱泰壄之子朱阳釜为第三代安丘王，谥号"庄简"。朱当沿就是安丘庄简王朱阳釜的第三子，明成化二十二年（1486）六月受封为镇国将军，死后归葬于兖州鲁府东北的属地九仙山中。其余两座墓因未发掘，尚不知墓主为何人。安丘王墓群1977年经山东省人民政府批准，公布为第一批省级文物保护单位。

安丘王墓之一　One of the Tombs

尖山崖墓　Cliff Tomb on Jianshan Mountain

位于嘉祥县城西南20公里仲山乡清凉寺村东的佛耳山（亦称尖山）上。1977年经山东省人民政府批准，公布为第一批省级文物保护单位。古墓封土占上半部整个山头，土为红褐色，均系人们从山腰挑土堆积而成，占地约1万平方米。墓南曾发现墓道痕迹，初步推测，疑为汉代昌邑王陵墓。

尖山崖墓　Cliff Tomb on Jianshan Mountain

微山岛古墓
Ancient Tombs on Weishan Island

地处微山岛上，包括微子墓、张良墓、目夷君墓。微子名启，殷纣王的同母庶兄，曾多次劝谏纣王而无效。周武王建立政权，微子被封于宋国，成为宋国始祖，死后葬于岛上，该岛因有微子墓而称微山岛，微山湖、微山县也因此得名；张良，战国末韩国人，西汉王朝的开国元勋之一，被封为留侯，封地留城（今微山岛西湖中）。目夷，春秋宋国人。桓公病危时，宋襄公让位于庶兄目夷。目夷坚决不受，后拜目夷为宋国国相，颇有政绩，人称"宋贤目夷君"。古墓保护良好，已成为微山岛景区的主流景点，1977年经山东省人民政府批准，公布为第一批省级文物保护单位。

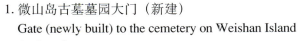

1. 微山岛古墓墓园大门（新建）
   Gate (newly built) to the cemetery on Weishan Island
2. 殷微子墓
   Tomb of Yin Weizi
3. 微子墓汉代墓碑
   A Han-dynasty tombstone at the Tomb of Yin Weizi
4. 目夷君墓
   Tomb of Mu Yi
5. 汉代留侯张良墓
   Tomb of Han-dynasty Marquis Zhang Liang

梁公林墓群
Tombs of Confucius' Parents

　　梁公林位于曲阜市防山乡梁公林村东北，为埋葬孔子父叔梁纥、母颜征在、兄孟皮的陵园。今梁公林前有神道，大门三间，门匾雕有"启圣林"三字，左右有清代石狮一对。进启圣门有甬道直通享殿。甬道旁有石雕望柱、文豹、角端、翁仲各一对，为元代雕刻。享殿后是孔子父母合葬墓。此墓东南五米处为孔子同父异母的哥哥孟皮坟墓，有"圣兄伯尼墓"碑，为明初孔希范立。梁公林于1992年经山东省人民政府批准，公布为第二批省级文物保护单位。

1. 梁公林大门
   Gate to the tombs of Confucius' parents
2. 梁公林享殿
   Sacrificial hall
3. 叔梁纥夫妇合葬墓
   Tomb of Confucius' parents
   即孔子父叔梁纥与孔子母颜征在的合葬墓。
4. 孔子兄孟皮墓
   Tomb of Confucius' brother Meng Pi

4

茅家堌堆古墓群　Ancient Tombs of Maojia Gudui

茅家堌堆古墓群系省级文物保护单位。该墓群位于梁山、汶上和嘉祥三县交界处的韩垓镇、南旺镇、张楼乡境内。据1981年文物普查，汶上县南旺附近即阚乡泽，共有八处遗迹，有的群众直言为鲁诸公墓，省、县志书也记载这里有鲁诸公墓。即春秋庄、闵、僖、文、宣、成、襄、昭八公，而大部分群众将这些遗址称为堌堆，分述如次：吴家堌堆坐落在梁山县韩垓镇五里堡村西，济梁公路西50米处。东西40米，南北60米，高约3米；

茅家堌堆：位于汶上县南旺镇十里闸村西北；

王家堌堆：位于汶上县南旺镇十里闸村西北；

黄家堌堆：位于汶上县南旺镇十里闸村西北；

姬家堌堆：位于嘉祥县刘桐梧村南约300米处；

上述后四堌堆略高于地表，其他3个堌堆不能确指地点，早被夷为平地。从地面散布的陶片来看，时代最早的是西周，大量的是东周及以后的陶片，时代与鲁诸公墓年代基本契合。是否为鲁诸公墓，有待考古新资料。

吴家堌堆坟冢　Grave of Wujia Gudui

郗鉴墓　Xi Jian's Tomb

位于嘉祥县城南3.5公里马集乡上店子村南灯台山西麓，1992年经山东省人民政府批准，公布为第二批省级文物保护单位。清光绪《嘉祥县志》载："晋太尉郗鉴墓在城南七里，有郗城，城旁有墓，墓前有二石台"。墓西北和东南各有大墓一座，三墓相距30米，不明墓主何人。郗鉴墓封土高3米，直径15米。郗鉴，东晋时历任龙骧将军、兖州刺史等职，官居太尉，为书圣王羲之的岳父。晋咸康五年（339）病卒。

郗鉴墓　Xi Jian's tomb

明鲁惠王、恭王、端王墓
Tombs of Ming-dynasty Princes of Hui, Gong and Duan

位于泗水县圣水峪乡皇城村北的二旗山前。三王是指明代鲁惠王、端王、恭王三个藩王。由西向东依次为鲁恭王、鲁端王、鲁惠王墓。鲁恭王墓封土边长14米，高4米；鲁端王墓略高于地表。三墓原有陵园、享殿、坊表、石桥、石仪等，现仅存石桥、享殿残垣旧基，余者无存。1992年经山东省人民政府批准，公布为第二批省级文物保护单位。

鲁王墓（巅处）　Tombs of Princes of State of Lu (on the top)

蚩尤冢　Tomb of Chi You

位于汶上县西南十九公里的南旺镇村西。蚩尤，是中华民族历史上的杰出人物，是与黄帝、炎帝同时代的部落首领，被黄帝战败后遭杀戮，身首异处。据《汉书·地理志》记载，其墓在东平郡寿张县阚乡城（今山东汶上县南旺镇），冢高五丈。《史记》二十八卷载："三曰兵祖，祠蚩尤，蚩尤在东平陆阚乡，齐之西境地"，众多史籍对此均有记载。蚩尤冢现存两幢石碑，"蚩尤冢"碑今立于墓前，为清代人所刻。"蚩尤祠"碑现存放在县博物馆内。近年来，常有海内外游人前往凭吊、祭祀。

蚩尤冢　Tomb of Chi You

HISTORICAL SITES AND CULTURAL RELICS IN JINING

曾子墓　Tomb of Zeng Shen

曾子被后世奉为"宗圣",是孔子的高足弟子,墓地位于嘉祥县满硐乡南武山村西的玄武山之阳,东距曾庙500米,曾子后代也葬于曾林之中。2006年经山东省人民政府批准,公布为第三批省级文物保护单位。

据《山东通志》载:曾子卒后,其墓失修湮焉。"成化初年,山东守臣上言:嘉祥南武山南,玄武山之东,有渔者陷入一穴中,得悬棺,其前有碣,镌'曾参之墓'。奏诏封树丘陵,建飨堂、神道,路旁松柏树木缭以周垣。"曾林南北长117米,东西宽60米,占地7000余平方米,四周林墙高3米。原有"宗圣墓石坊"一座、神道石雕一批及中门、角门、更衣所、斋房、享堂等。建国后,尚存墓坟、古木、石坊、享殿,其余建筑皆已倾圮。2002年,香港金利来董事局主席曾宪梓先生捐资修缮了曾林享殿及院墙;当地政府筹资修通了公路及停车场,恢复了石羊、石马、翁仲等,并对曾林进行了绿化。曾子墓位于曾林中后部,封土阔30米,高5米。林内古木葱翠,坟冢累累,石仪肃穆,绿草茂密,这里已成为凭吊古代圣哲的理想之地。

1. 曾林神道石仪
   Stone statues along the divine path to Zeng Shen's mausoleum
2. 曾子墓享殿
   Sacrificial hall of Zeng Shen's Tomb
3. 曾子墓
   Tomb of Zeng Shen

樊迟墓 Tomb of Fan Chi

位于鱼台县张黄镇武台村西南20米处。樊子，名须，字子迟，春秋末年鲁国（今济宁任城区南张乡）人，是孔子晚年的得意门生，七十二贤中较有影响的一位。孔子去世后，樊迟同闵子骞、宓不齐来棠地(今鱼台县境内)办学，传道于济水一带。卒后就地葬于故居西南里许，即今天的武台村。2006年经山东省人民政府批准，公布为第三批省级文物保护单位。

樊迟墓 Tomb of Fan Chi

林放墓 Tomb of Lin Fang

林放墓(含问礼故址)位于曲阜市小雪镇林家村西北。林放，孔子弟子，字子丘，春秋末鲁国人。原墓地东西100米，南北50米，林放墓居中，墓碑上刻"先贤长山侯林子放墓"。墓之东南有乾隆年间"问礼故址碑"，早年已移入孔庙保管。林放墓现已孤立于田野之中，封土高2米，林放墓西南有林氏中兴祖墓，墓地于2006年经山东省人民政府批准，公布为第三批省级文物保护单位。

1. 林放墓
Tomb of Lin Fang
2. 问礼故址
Site where Lin Fang consulted Confucius on rites

208

东颜林　Eastern Tombs for Yan Hui and His Kin

　　东颜林位于曲阜市防山乡程庄村东北，防山山脉的南麓，是孔子门生复圣颜子及其家族的墓地。颜回早于其父而死，其父颜无繇死后亦葬于此，后颜氏结冢而葬，形成墓区。墓区原有林门、林墙、享殿及众多碑刻，各类树木9000余株。其林内碑刻、享殿、围墙等建筑于"文革"期间毁掉。东颜林始于春秋，是国内最早的家族墓地之一。其南北长470米，东西宽207米，面积为9.7万余平方米，林前有神道，大门3间，颜子墓前现存享殿基址。1986年，曲阜文物管理委员会复制明代篆刻"兖国复圣公墓"墓碑，后又重修了围墙和大门，使东颜林的文物得到妥善保护。2006年经山东省人民政府批准，公布为第三批省级文物保护单位。

1. 东颜林林门
   Gate to the tombs
2. 颜回墓
   Yan Hui's tomb

万章墓　Tomb of Wan Zhang

万章墓位于邹城西南五公里的北宿镇后万村东。现存享殿3楹，单檐硬山式建筑，殿前有神道，殿后为万章墓冢。墓地周围生长着古柏40余株。万章为孟子的得意门生，战国中期人，北宋徽宗时追封为博兴伯。1985年经济宁市人民政府批准，公布为第一批市级文物保护单位。

万章墓林　Cemetery of Wan Zhang

乌林答墓石人　Stone statues in front of the tomb of Wulinda

乌林答墓　Tomb of Wulinda

乌林答将军墓位于邹城市郭里镇羊山村西。据清光绪十八年《邹县续志》载："金乌林答将军墓表，在城西南阳山庄之西，题额'故昭武大将军世袭谋克乌林答公墓表'"。墓冢原高6米，直径40米，墓已平，碑已毁。墓前原有华表、石羊、石兽、石人各2件，其中华表于1967年被毁坏，石羊、石兽、石人于1980年运至孟庙内保存，2002年又陈列于邹城博物馆。1985年，经济宁市人民政府批准，公布为第一批市级文物保护单位。

鲍王坟
Tomb of Minister Bao

　　位于泗水镇大鲍村西，封土堆南北长30米，东西宽25米，夯筑。东南角已遭破坏，露出楔形砖券顶。墓前原有翁仲、石兽，已被破坏。据《泗水钩沉》载，此墓为东汉末年济北相鲍信墓，群众俗称鲍王坟。1986年经济宁市人民政府批准，公布为第二批市级文物保护单位。

鲍王坟　Tomb of Minister Bao

薛仁贵墓　Tomb of Xue Rengui

　　薛仁贵墓位于嘉祥县城东北萌山与横山交界的山口之北。墓地现存石坊一座，东向而立。坊额王面镌"重修唐朝名臣薛仁贵之墓"11字，背面用小楷镌主办者姓名，并书"大明万历三十五年岁次丁未夏六月上旬吉日立"等字。1985年经济宁市人民政府批准，公布为第一批市级文物保护单位。薛仁贵，绛州龙门（今山西河津县）人，为唐朝名将，屡立战功，战死后就近葬于今地。

薛仁贵墓　Tomb of Xue Rengui

贾凫西墓　Tomb of Jia Fuxi

位于兖州西郊牛王村西的公路南侧。贾凫西（1590—1647）为明末清初文坛怪杰、鼓书鼻祖。名应庞，字思退、亚藩，号凫西、澹圃，又称木皮散客或木皮散人。此人熟读经史，擅长诗词，性情豪放，酷爱说唱，著有《澹圃恒言》一书，并流传至今。据今人徐复岭教授考证，清初流传一时的长篇小说《醒世姻缘传》亦出自

贾氏之手。其墓前原有石马、石羊、翁仲等，"文革"中牌坊拉倒，石羊、石马埋于地下，墓碑佚失。1996年，兖州市文化局在原址为贾凫西重修了陵墓，竖起"明末清初曲艺泰斗贾凫西长眠于此"的碑一块，使该墓得到妥善保护，2001年经济宁市人民政府批准，公布为第三批市级文物保护单位。

贾凫西墓　Tomb of Jia Fuxi

高斗光墓　Tomb of Gao Douguang

高斗光，明末清初人，其墓位于嘉祥县马集乡吴街村西北3华里处。墓封土高1.5米，直径4米，保存完好。墓碑镌铭"大清考偏远巡抚兵部右侍郎高公之墓"。2001年经济宁市人民政府批准，公布为第三批市级文物保护单位。

高斗光墓　Tomb of Gao Douguang

韩氏墓碑
Tombstone for Han Family

　　位于鱼台县唐马乡韩庄西北约400米处。立于明嘉靖十一年（1532）。为皇帝褒奖、敕封韩普的圣旨，碑阴刻众韩氏族人姓名。2001年经济宁市人民政府批准，公布为第三批市级文物保护单位。

韩氏墓碑
Tombstone for Han Family

火山古墓群　　Ancient Tombs at Huoshan Mountain

火山古墓群　　Ancient Tombs at Huoshan Mountain

四、古代石刻
IV. Ancient Stone Carvings

武氏墓群石刻　Stone Carvings at Wu Family Tombs

　　武氏墓群石刻是东汉时期武氏家族墓地的石刻，位于嘉祥县城南15公里武翟山村北，1961年国务院公布为全国重点文物保护单位。这里保存有武氏墓群石阙、武氏祠画像石和西长廊共三个陈列室，包括画像石46块、汉碑2块、清碑11块、石狮、石阙各一对，碣一块；另外，嘉祥县建国后出土画像石百余块及隋碑、清墓志、黄庭坚书法刻石也在这里收藏。

　　武氏祠画像石内容丰富，取材广泛，有社会生活、历史故事、神话仙人、祥瑞灵异等多类题材，是研究汉代社会政治、经济、思想、文化、艺术等诸多方面的珍贵资料。这批汉画的最珍贵之处，在于画面中有着大量的题榜，诸如孔子、老子、婴子、督邮、二卒、君车、令车等，另有历史故事画面90多个，犹如后世的连环画。武氏祠画像石雕刻技法主要为减地平面线刻，物像外留有细密平行的凿纹。墓群石刻是汉代武氏家族成员墓地上的地面祠堂石雕构件。家族成员包括武梁武开明兄弟与开明之子武班、武荣，四人均居郡国官位。清乾隆五十一年（1786），浙江钱塘人黄易官居济宁运河同知时，亲往调查，发现发掘了武梁祠，并置室保护。后人又做了大量征集复原工作，使这批汉代珍品保存至今。

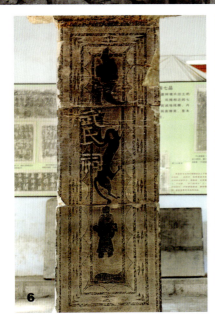

1. 石刻陈列内景
   Inside the exhibition hall of stone carvings
2. 东汉石阙
   Eastern-Han-dynasty stone que (tower)
3. 东汉石狮
   Eastern-Han-dynasty stone lion
4. 古代帝王画像
   Portraits of ancient emperors
5. 胡汉水陆交战图
   Map of the Xiongnu and Han People's Battle on Land and Water
6. 石阙铭记
   Inscription on the Stone Watchtower
7. 石阙首部
   Top of the stone tower

岗山、铁山摩崖石刻
Stone Carvings on Gangshan and Tieshan Mountains

邹城原有"四山摩崖"，即铁山、岗山、尖山、葛山四山，刻经时代为北齐、北周。惜1960年农田水利建设采石时，尖山摩崖被炸毁。庆幸的是，"文革"后峄山文物专题调查时，又发现峄山摩崖石刻，如此现存者又可称谓"四山摩崖"了，分两次公布的四山摩崖以《岗山、铁山摩崖》为名称面世。民国年间，金石学家朱建新为摩崖作出定义："就山而凿之曰摩崖"。

1. 岗山全景
A panoramic view of Gangshan Mountain
岗山摩崖石刻　Stone carvings on Gangshan Mountain

岗山位于邹城市北郊，摩崖石刻主要分布在山阴山谷内，这里山势嶙峋，巨石相叠，松槐掩映，景色幽深。石刻顺东西向山谷两侧，以中部俗称"鸡嘴石"的岩石为中心，散刻在30余块花岗岩石壁上。石刻依其内容可分为《题名》、《佛说观无量寿经》和《入楞伽经》三部分。《题名》在鸡嘴石的北侧，共49字，字径在10－19厘米之间。石刻年代有铭："大象二年七月三日"，大象二年，即公元580年。《佛说观无量寿经》刻于岗山鸡嘴石东、南两面。《入楞伽经》为散刻，刻于从山下到山上30多处岩石或山崖石壁上。铁山和岗山摩崖石刻1988年经国务院批准，公布为第三批全国重点文物保护单位。

2. 岗山刻经之一
Buddhist scripture carved on Gangshan Mountain
3. 岗山刻经之二
Buddhist scripture carved on Gangshan Mountain
4. 岗山刻经之三
Buddhist scripture carved on Gangshan Mountain
5. 岗山刻经之四
Buddhist scripture carved on Gangshan Mountain

铁山摩崖石刻　Stone carvings on Tieshan Mountain

　　铁山摩崖石刻在邹城北郊铁山之阳一块斜坡为45度的巨大花岗岩石坪上，刻石南北长66.2米，东西宽16.2米，面积1085平方米。内容分为经文、颂文、题名三部分。经文是摩崖石刻的主要部分。竖排17行，行59字，最多者60字，最少者仅6字，共944字，现能够辨认700余字。字径一般在45—60厘米之间，被誉为"大字鼻祖"。石刻内容为佛教《大集经·穿菩提品》；颂文刻于佛经右侧，上刻"石颂"二字，颂文共12行；题名在石刻的下部，字径约40厘米，字行间有阴刻界格。现仅存6行44字，第6行刻有"东岭僧安道壹署经"的词句，当系书写者僧安道壹的题名。摩崖镌刻于北周大象元年（579）。

1. 铁山摩崖刻字石坪
   Flat stones with inscriptions on
   Tieshan Mountain
2. 铁山摩崖题记
   Stone inscriptions of Tieshan
   Mountain
3. 铁山刻经之一
   Buddhist scripture engraved on
   Tieshan Mountain

4. 铁山刻经之二
   Buddhist scripture engraved
   on Tieshan Mountain
5. 铁山刻经之三
   Buddhist scripture engraved
   on Tieshan Mountain
6. 铁山石颂局部
   An ode inscribed on Tieshan
   Mountain, detail

HISTORICAL SITES AND CULTURAL RELICS IN JINING

峄山摩崖石刻

Stone carvings on Yishan Mountain

峄山石刻位于城东南12公里处峄山上，现存300余处，其中，摩崖石刻有两处，分别在五华峰和妖精洞。五华峰刻经位于"光风霁月"石上，向阳面刻《文殊般若经》，刻面纵2.13米，横3.65米，现存79字，刻于北齐年间，妖精洞石刻位于山阳"妖精洞"西侧乌龙石上，刻面竖高4米，宽2.65米，面积为10.6平方米。有经文7行，行14字，字径20—30厘米，内容为《文殊般若经》，刻于北齐武平年间（570—576）。此外，峄山现存隋唐至明清时期题名众多，还有元代以降历代碑刻78幢。2006年5月，峄山摩崖石刻作为全国重点文物保护单位扩展项目并入铁山和岗山摩崖石刻。

1. 妖精洞摩崖刻经

   Buddhist scripture engraved on the wall of Spirits' Cave

2. 峄山全景照

   A Panoramic view of Yishan Mountain

葛山摩崖石刻
Stone Carvings on Geshan Mountain

　　葛山，又称葛炉山，位于邹城东约15公里处。石刻在北葛炉山西侧，刻石面较铁山平缓，坡度为25—35度。石刻东西长26.6米，南北宽8.4米，总面积223平方米。经文10行，满行42字，计420字，今可辨认者仅200余字，字径50—60厘米。摩崖刻于北周大象二年（580），石刻内容为《维摩诘所说经·阿閦佛品第十二》。2006年5月，葛山摩崖石刻作为全国重点文物保护单位扩展项目并入铁山和岗山摩崖石刻。

1. 葛山石坪
Flat stone on Geshan Mountain

2. 葛山刻经单字
Single characters from scriptures engraved on Geshan Mountain

水牛山摩崖刻经　Buddhist scripture engraved on Shuiniu Mountain

水牛山摩崖石刻
Cliffside Carving on Shuiniu Mountain

地处汶上县东北约16公里的水牛山南麓，为佛经《摩诃般若经》的节选文字。刻经选在近似立面的石坪上，高2.3米，宽1.8米，每字在25厘米见方，计52字。学术界考证，刻经的时间当在北齐。1992年经山东省人民政府批准，公布为第二批省级文物保护单位。

凤凰山石窟造像
Sculptures in Caves on the Phoenix Mountain

石窟佛造像位于邹城市张庄镇圣水池村北的凤凰山之阳，这里山明水秀，幽深寂静。佛造像高约4.2米，雕凿在一壁龛内，龛四周有为搭架板而凿的小洞。佛像头部圆满秀丽，双耳垂肩，具有强烈的艺术感染力。造像前历史上曾有一处佛教寺院，名为"岠越山开元禅寺"，亦称"朗公寺"，规模宏大，肃穆壮观。寺院及几十幢碑刻清代时已荡然无存，仅存遗像。2006年经山东省人民政府批准，公布为第三批省级文物保护单位。

1. 凤凰山石窟外环境
   Exterior of the caves on the Phoenix Mountain
2. 造像石窟
   Sculptures in caves

2

HISTORICAL SITES AND CULTURAL RELICS IN JINING

九龙山摩崖造像石刻　Cliffside Sculptures on Jiulong Mountain

位于曲阜市小雪镇武家村东约百米处，即九龙山中部的西南山坡上。此处三面环山，为一清静优美的小盆地。石刻刻于盛唐，造像共有大小石佛洞龛6处。自南往北，第一龛西向，为卢舍那佛像，趺坐于须弥座上，两旁为阿难、迦叶及二菩萨，皆立于莲台之上，此像有题记，刻于唐天宝十五年；第二龛雕菩萨立像1尊，立于仰莲石上，龛左题记已不可辨，其下有宋代游人的题记一则；第三龛雕菩萨一尊，趺坐于莲台之上，菩萨腰

1. 造像全景
   A panoramic view
   of the sculptures
2. 造像之一
   Sculpture
3. 造像之二
   Sculpture

中部两侧分刻二力士，龛左题记亦模糊不清；第四龛在第三龛下，内刻文殊菩萨乘坐在狮子之上；第五龛位于第二龛右侧，内刻普贤菩萨乘坐于白象之上，象踏莲花，象前后各有一力士，其下并列3小龛，分别刻有一佛二菩萨；第六龛西向，内刻立佛一尊，龛右侧有题记。九龙山摩崖造像石刻造像形象逼真，丰腴舒展，人物形体轻柔多姿，保存基本完好，是研究当地风俗民情和石刻艺术的珍贵实物资料。 2006年经山东省人民政府批准，公布为第三批省级文物保护单位。

黄山十八罗汉洞造像
Statues in the 18-Arhat Cave

　　黄山罗汉洞造像位于邹城市看庄镇黄山西南麓。洞为自然溶洞，一穴双孔，洞口南壁上阴刻"罗汉洞"三字，洞内石壁上雕刻着18尊罗汉像，一般高0.5−0.65米，宽0.25−0.44米。其中一孔1尊，另一孔17尊。造像注重神态和刻画，形象生动。根据这18尊佛像的雕刻特征及文字题榜可知，其中11尊刻于北宋熙宁二年(1069)，7尊刻于清康熙五十四年(1715)。1985年经济宁市人民政府批准，公布为第一批市级文物保护单位。

1. 十八罗汉洞造像全景
A panoramic view of the cave

2. 造像之一
Statues of Arhat

3. 造像之二
Statues of Arhat

4. 造像之三
Statue of Arhat

227

HISTORICAL SITES AND CULTURAL RELICS IN JINING

郭林石刻群　Stone Statues in Minister Guo's Mausoleum

位于汶上县白石乡郭林村东北侧，为明代工部尚书郭朝宾墓前的石刻，济宁市文物保护单位。郭朝宾（1514-1586），明代万历年间工部尚书。墓封土高5米，直径10米，墓前原有享堂、石碑、碑楼、石案、香炉、石仪等，"文革"中享堂、石碑、碑楼、小石坊均被毁掉。现只存石坊一座，石阙一对，石狮四件，石马、石羊各一对。石坊正中有"勅建"二字，二字下面有小字一行书曰："资政大夫工部尚书郭公之墓"，其上下各有题记，上款书："钦差行人司行人社华先村"，下款书："万历十四年九月吉日立"。

1. 明代尚书郭朝宾墓
   Tomb of Ming-dynasty Minister Guo Chaobin

2. 石坊坊额
   Panel on the stone archway

3. 石坊、华表
   Stone archways and ornamental pillars

1. 郭林石刻群
   Stone sculptures of Guo's mausoleum
2. 供桌高浮雕
   High reliefs on the sacrificial table

3. 坊座石狮
Stone lion at the base of the archway

李街石刻群
Stone Sculptures in Lijie Street

位于汶上城关镇李街村西南角，2001 年经济宁市人民政府批准，公布为第三批市级文物保护单位。有石羊、石兽、石狮各一对，碑一通。这 7 件石刻原为明刑部主事李相墓前之物，墓被夷平破坏，现仅存石刻 7 件，墓碑落款为万历元年。

李街石刻　Stone sculpture in Lijie Street

五、古遗址
V. Ancient Sites

古遗址 Ancient Sites

　　济宁市古遗址分布较密，数量较多，它占全市已知文物总量的60%以上，这些遗址是当地历史发展，人口变迁的直接见证。据考古发现及学术研究成果，市内在一万年前的细石器（又有学者称之为中石器）时期已有古人类居住，此前已发现细石器地点38处（汶上县27处，兖州市10处，嘉祥县1处）；距今7500年前，济宁境内已迈入新石器时代，境内的新石器时期共有四种相互衔接的文化组成，即：北辛文化（距今7500—6300年）、大汶口文化（距今6300—4400年）、龙山文化（距今4400—4000年）、岳石文化（距今4000—3500年）。岳石文化的绝对年代已在夏王朝时期，换言之，市内的岳石文化为夏王朝之际的东夷族地方文化，已进入金石并用时代。其他时代的文化更有着长足地发展，无须赘言，谨以为记。

曲阜鲁国故城　Site of the Ancient Capital of State Lu at Qufu

　　曲阜鲁国故城遗址位于曲阜明代县城的叠压处及北、东部，略呈扁方形，东西约7华里，南北约5华里，周长24华里，占地面积1.5万亩。故城的北、东、南三面尚存有残垣，长达数公里，最高残墙在7米左右。

　　公元前11世纪，周武王"封周公旦于少昊之虚曲阜，是为鲁公。"周公姬旦因留在京城辅助周成王，其子伯禽代父就封，至公元前249年鲁国被楚灭掉，共传34世，历800余年，这座城直到汉唐仍被使用。1977-1978年，经国家文物局批准，对曲阜鲁国故城遗址进行了大规模的考古钻探和试掘。通过勘探得知，鲁城有城门11座，始建于西周。城内外居民区密布，中偏北为宫殿区，西北部为墓葬区，宫殿区后部为市井区，市井区的东西部为冶铜、冶铁、制陶、制骨作坊区，城内还遗留着当时的供水排水沟渠、管道。考古发掘中出土了一大批珍贵文物，包括陶瓷、铜器、玉石以及金银、骨、角、牙、蚌器等。其中玉马、玉璧、铭文铜器、银猿带钩等，制作精美，年代确切，是研究当时社会状况的宝贵资料。1961年经国务院批准，公布为第一批全国重点文物保护单位。

1. 鲁国故城残垣之一
Remaining wall of the ancient capital city of State Lu
2. 鲁国故城残垣之二　Remaining wall of the ancient capital city of State Lu
3. 舞雩台　Platform for dancing to pray for rain
　　又名舞雩坛，为周代鲁国君主祭天祈雨的台子，因祭天时需有乐舞，故名。
4. 舞雩台遗碑
Stele at the platform for dancing to pray for rain
5. 望父台　Terrace for consulting father
　　传为鲁国第一代国君伯禽在政务中遇到难处登高望父的地方，期望能得到父亲周公的指点。经1977年的考古勘探，确认望父台是一座周代大墓。

王因遗址
Site at Wangyin

位于兖州市西南10公里的王因村南，长宽各约300米，总面积达9万余平方米。为一处新石器时代的文化遗址，主要为大汶口文化遗存，并有北辛文化地层。1975年至1978年由中国社科院考古研究所山东队与济宁文物局合作对此遗址共进行了7次发掘，共揭露面积10800平方米，清理墓葬899座，出土了一大批文物。王因遗址的发掘资料，对研究北辛文化和大汶口文化的传承关系及大汶口文化早期社会性质，是一批可作依据的材料，具有重要的科研价值。2006年经国务院批准，公布为第六批全国重点文物保护单位。

王因遗址　　Site at Wangyin

大汶口文化陶鼎
Earthen tripod of Dawenkou Culture

大汶口文化陶鼎
Earthen tripod of Dawenkou Culture

邾国故城　Site of the Ancient Capital of State Zhu

邾国故城位于邹城市东南12公里的峄山之阳，为春秋时期邾国都城。《左传》载："文公十三年，邾文公卜迁于绎"，即鲁文公十三年（前615），邾文公在峄山之阳建立了邾国国都。北齐天保七年（556），邹县治所由此迁到铁山之阳后，故城才逐渐荒废。邾国故城自春秋建立，至北齐迁走，共使用了1100年，是一座历史悠久的古城。1964年，中央考古所山东队在当地文物部门的配合下曾做过调查，邾国故城遗址总体近似长方形。实地测量，故城周长9200多米。故城内大致可分为三个区域：北墙内外是贵族墓葬区。中北部是宫殿区，村民俗称为"皇台"。西南部的金庄一带为作坊区。邾国故城内出土过铜器、陶器等文物，尤其出土的周秦陶量及东周、秦汉时期的各类陶文数千件，在古文字演变史和邾国发展史研究中具有极其重要的意义。2006年经国务院批准，公布为第六批全国重点文物保护单位。

1. 邾国故城残垣之一
   Remaining city wall of the capital of State Zhu
2. 邾国故城残垣之二
   Remaining city wall of the capital of State Zhu
3. 邾国故城陶文
   Script on earthenware found in the site of State Zhu

贾柏遗址
Site at Jiabai

地处汶上县城东2公里东贾柏村南的高地上。遗址东西长约300米，南北宽约50米，总面积15000平方米。1989年春至1990年春，中国社会科学院考古研究所山东队进行了两次发掘。清理墓葬19座，发现房址10处，出土了打制石器、磨制石器、陶、角骨器等文物一批。由此确认，这里是以北辛文化为主的古村落遗址，距今7000年左右。遗址周围还采集到部分细石器，这当是更早人类的文化遗存。2006年经国务院批准，公布为第六批全国重点文物保护单位。

贾柏遗址　Site of Jiabai

西桑园遗址　Site at Xisangyuan

西桑园遗址位于小孟乡西桑园村西约200米处的一片高台地上，面积4万平方米，为北辛文化遗址。1990年春中国社会科学院考古研究所山东队对遗址进行了局部发掘，文化堆积厚约2.5米，1992年经山东省人民政府批准，公布为第二批省级文物保护单位。

西桑园遗址　Site at Xisangyuan

青堌堆遗址
Site at Qinggudui

青堌堆遗址坐落在梁山县小安山镇董庄村西约500米处，是一处新石器时代龙山文化遗址，1959年3至5月，中国社会科学院考古研究所山东队曾对该遗址进行过小面积发掘，揭露面积50平方米。1992年经山东省人民政府批准，公布为第二批省级文物保护单位。

青堌堆遗址　　Site at Qinggudui

缗城堌堆遗址
Site at Min-cheng Gudui

位于金乡县城东北15公里的卜集乡驻地村东，紧靠高庄村，为新石器时代遗址，现存面积约3万平方米，文化层深约8米，在堌堆的最高处有清代建筑两层起脊房屋，多处墙体开裂，2004年护坡维修。1992年经山东省人民政府批准，公布为第二批省级文物保护单位。

缗城堌堆遗址　　Site at Mincheng Gudui

东顿村遗址　Site at Dongdun Village

东顿村遗址
Site at Dong-dun Village

东顿村遗址,位于兖州市新驿镇东顿村东100米处。为秦汉文化遗址。面积约9万平方米,文化堆积1.5米,地面暴露较丰富,采集有泥质灰陶,遗物有罐和瓦等。遗址保存完整,1992年经山东省人民政府批准,公布为第二批省级文物保护单位。

凤凰台遗址　Site of the Phoenix Altar

地处济宁城西4公里处,在任城区南张镇凤凰台村内。遗址为一10米高台,底部直径80米,其下部约3米的厚度为古遗址,乃新石器及商代文化遗存。顶部曾有明代观音大殿、两庑等建筑,民国时期渐次倒塌。2006年起,有关人士又募捐倡修,恢复了台上建筑,对外开放。2006年经山东省人民政府批准,公布为第三批省级文物保护单位。

1. 凤凰台遗址
   Site of the Phoenix Altar
2. 台上建筑（复建）
   Buildings on the altar (reconstructed)
3. 台上遗存的古碑
   Ancient stele on the altar

1

寺堌堆遗址
Site at Sigudui

　　位于洛宁市中区唐口镇寺下郝村东，台地高约5米，直径约60米，以龙山、岳石、商周文化遗存为主，上层有汉唐遗迹。据《济宁直隶州志》等史籍载，这里是先秦任姓邿国国都，为鲁国附庸。《左传·襄公十三年》有"邿国内乱，分裂为三"的记载。1977年经山东省人民政府批准，公布为第一批省级文物保护单位。

2

1. 寺堌堆遗址
   Site at Sigudui
2. 遗址上的近现代构筑物
   Modern buildings on the site

尹家城遗址　Site at Yinjiacheng

位于泗水县金庄镇尹家城村西南，是一处高出地表10余米的城堡式三层高台，约4200平方米。遗址内涵丰富，文化层堆积厚，主要为龙山文化、岳石文化，并有大汶口、商周两汉及唐宋时代的文化遗存。1973至1986年，山东大学考古系曾对该遗址进行过五次发掘，发现有灰坑、房址、墓葬、水井等不同时期的遗迹。出土石、玉、陶、铜、铁、瓷、骨角蚌类等器物4000余件。尹家城遗址是一处典型史前文化遗址，在学术界知名度较高，对于学术研究具有重要价值。2006年经山东省人民政府批准，公布为第三批省级文物保护单位。

龙山文化陶鬶
Earthen gui (three-footed pot) of
Longshan Culture

龙山文化陶鼎
Earthen tripod of Longshan Culture

岳石文化尊形器
Wine vessel of Yueshi Culture

焦国故城遗址　Site of the Ancient Capital of State Jiao

焦国故城遗址位于嘉祥县城南7.5公里纸坊镇的西焦城村东南，朱街、张街、马街村南。史载：周武王封神农之后于焦（今河南陕县），后移于此为国都。焦国故城遗址南北长467米，东西宽468米，占地218556平方米。东南部城墙残迹尚可辨认，现南北残长260米，高1.6—7.3米。目前，遗址上暴露许多陶片，并曾发现少量陶纺轮、铜镞、网坠等。1996年，县文物局组织人员对焦国故城西墙进行了考古勘探、城墙剖析。推断焦国故城的使用上限不晚于西周，下限可至唐、宋。2006年经济宁市人民政府批准，公布为第三批市级文物保护单位。

焦国故城　Site of the Ancient Capital of State Jiao

HISTORICAL SITES AND CULTURAL RELICS IN JINING

法兴寺遗址
Site of Faxing Temple

　　位于梁山风景区内，即主峰西北部虎头峰与雪山峰之间的山坳中。始建于初唐，明代住持僧东鲁西竺禅师率众3000人前往海疆助戚继光抗倭，故寺院一度极盛，规模较大。现仅存大殿与两庑基址、钟架、明清碑刻各一。山中的孔子问礼堂旧址、莲台寺石佛、寨墙、天齐庙等遗存作为附属文物也一并纳入保护范围。2006年经山东省人民政府批准，公布为第三批省级文物保护单位。

1

3

1. 法兴寺遗址
   Site of Faxing Temple
2. 问礼堂旧址
   Site of the Hall of Consulting About Rites
3. 东鲁西竺禅师墓
   Grave of Monk Xi Zhu of Eastern Shandong
4. 西竺禅林墓塔
   Pagoda of Monk Xi Zhu of Eastern Lu

凫山羲皇庙遗址　Site of Temple of Fu Xi on Fushan Mountain

　　羲皇庙又称伏羲女娲庙、人祖庙，俗称爷娘庙，位于邹城市郭里镇西爷娘庙村东。据庙内原有后唐长兴二年(931)《重修羲皇庙记》记载，在唐末五代时羲皇庙建筑已颇具规模，南北长150米，东西宽120米。其建筑依山势而建，包括山门、礼门、羲皇殿、娲皇殿、两庑、三清阁、玉皇殿、泰山行宫、关帝庙等，其中一批碑刻至为珍贵。1929年，这座构思巧妙的古建筑群被济宁军阀梁冠英部放火焚毁，现存有残垣、碑刻等。2006年经山东省人民政府批准，公布为第三批省级文物保护单位。

1. 羲皇庙遗址
   Site of Temple of
   Fu Xi
2. 羲皇庙遗碑
   Stele in Temple of
   Fu Xi
3. 伏羲殿殿基
   Base for the hall of
   Temple of Fuxi

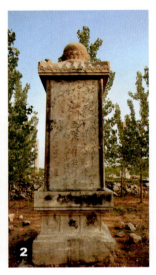

浣笔泉遗址　Site of Huanbi Spring (Spring for Washing Brushes)

地处济宁市中区浣笔泉路上，因唐代诗仙李白曾在此吟诗、浣笔而得名。泉原名"墨华"，其上有亭亦称"墨华亭"，清乾隆十五年（1750）改名为"浣笔泉"，泉北原有"三贤祠"祀李白、杜甫、贺之章，早年已坍塌，待恢复。1985年经济宁市人民政府批准，公布为第一批市级文物保护单位。

1. 浣笔泉池
   Huanbi Spring
2. 清代圣泉碑
   Qing-dynasty stele on the holy
   spring
3. 泉池扶拦雕饰
   Carvings on the railing around
   the pool

义合遗址　Site at Yihe

地处任城区二十里铺镇义合村北，原为高 6 米的台地，总面积 10000 多平方米，文化内涵丰富，以龙山文化、岳石文化遗存为主，另有周汉文化遗存。1985 年经济宁市人民政府批准，公布为第一批市级文物保护单位。

义合遗址　Site at Yihe

党堌堆遗址　Site at Danggudui

位于任城区长沟镇党堌堆村东，以龙山、岳石文化为主。1985 年经济宁市人民政府批准，公布为第一批市级文物保护单位。

党堌堆遗址　Site at Danggudui

刘林遗址
Site at Liulin

位于济宁城南8公里处，即市中区唐口镇刘街村西，遗址处俗称之为刘林，其面积为200米见方，主要为商周文化遗存。据考证，该遗址为鲁文公十三年（前614）"邾文卜迁于峄"（《左传》）的迁出地，即商周时期的邾国都城。清末民初，这里设置过"邾瑕乡"，邾瑕则为"邾"的别名。1985年经济宁市人民政府批准，公布为第一批市级文物保护单位。

刘林遗址　Site at Liulin

景灵宫遗址　Site of Jingling Palace

景灵宫遗址位于曲阜城东2公里的旧县村东北，为宋至明时期的黄帝庙旧址，面积约42000平方米。宋大中祥符五年（1012），宋真宗尊黄帝为赵姓始祖，于是在黄帝诞生地曲阜寿丘兴建景灵宫，"祠轩辕曰圣祖，又建太极观，祠其配曰圣祖母。越四年而宫成，总一千三百二十楹，其崇宏壮丽罕匹。"元末明初全部废毁。遗址南部现存巨碑两幢，俗称"万人愁"碑，为景陵宫遗物。1985年经济宁市人民政府批准，公布为第一批市级文物保护单位。

1. 景灵宫遗址
Site of Jingling Palace
2. 遗址上的宋代"万人愁"巨碑
Huge monuments erected during the Song Dynasty (960 - 1279) on the site

247

董大城古遗址　Site at Dongdacheng

董大城古城址位于曲阜城东北20公里董庄乡董大城村西，时代为战国至宋代。董大城亦称董城寨，四面皆有城门，东门和北门遗址尚存，西南角墙基仍高丈余。1985年经济宁市人民政府批准，公布为第一批市级文物保护单位。

董大城残垣　Ruins of the city wall at Dongdacheng

斗鸡台遗址
Site of the Terrace for Rooster Fight

斗鸡台遗址位于邹城市峄山镇稻洼村东南约2500米处，原面积较大，后被山水从遗址中部冲开，形成东西两个台子，为周代遗址，1972年曾出土过"费敏父鼎"铜器一件。总面积约1.6万平方米，现仅为原面积的三分之一。1985年经济宁市人民政府批准，公布为第一批市级文物保护单位。

斗鸡台遗址
Site of the Terrace for Rooster Fight

V. ANCIENT SITES

李堌堆遗址
Site at Ligudui

地处微山县夏镇李堌堆村，以商周文化为主。1985年经济宁市人民政府批准，公布为第一批市级文物保护单位。

李堌堆遗址
Site at Ligudui

小城子遗址　Site at Xiaochengzi

位于泗水县圣水峪乡小城子村北。该遗址是一处西周至汉代的古城址，疑为先秦郮国城址。东、南、北三面被水库环抱，距水面6～8米，西部与村庄相连，为一椭圆形高台。1986年经济宁市人民政府批准，公布为第二批市级文物保护单位。

小城子遗址全景　Site at Xiaochengzi

HISTORICAL SITES AND CULTURAL

泉林 Grove of Springs

　　位于泗水县泉林镇泉林村前陪尾山下。因名泉荟萃，泉多如林，故称泉林。为古今著名风景区，这里原有唐代泉林寺、明清水部公署、清代康、乾皇帝行宫等建筑。除石桥外，其它建筑均在早年坍塌，尚留遗址。附属文物石舫、陪尾山、碑刻、银杏树等尚存，已列入保护范围。1986年经济宁市人民政府批准，公布为第二批市级文物保护单位。

1. 泉林大门（复建）
   Gate to the Grove of Springs (reconstructed)
2. 泉群水域
   Waters from springs
3. 清代遗碑
   Qing-dynasty monument
4. 清代石舫
   Qing-dynasty stone boat

1. 红石泉
   Red Rock Spring
2. 清代皇帝行宫门外的
   下马碑
   Stele reminding passers-by
   to dismount outside the
   Qing-dynasty temperory
   imperial palace

济州城墙　City Wall of Jizhou

位于济宁市中区环城西路与环城北路的交汇处，残存长度约120米，高13米。金代天德二年（1150），济州由巨野迁来任城（今济宁），并筑造新城，"周长九里三十步"，该城一直使用至建国后，1973年将残垣护以石坡。2001年经济宁市人民政府批准，公布为第三批市级文物保护单位。

1. 济州城墙残垣
   Ruins of the Jizhou city wall
2. 济州城墙外坡
   Outside the Jizhou city wall

少陵台　Shaoling's (Du Fu's) Terrace

少陵台是纪念杜甫的台基，位于兖州城内中御桥东、府河北岸、兖州九州大道中段，台长、宽各约40米，高12米。公元732年(唐开元二十年)春，杜甫贡举下第，是时杜甫的父亲杜闲正在兖州司马任上，杜甫由洛阳来兖州省父，以后于此寓居。杜甫三次到兖州探望其父，曾留下《登兖州城楼》诗一首。诗曰：

东郡趋庭日，南楼纵目初。

浮云连海岱，平野入青徐。

孤嶂秦碑在，荒城鲁殿余。

从来多古意，临眺独踌躇。

1370年(明洪武三年)，兖州城南扩，为纪念杜甫，遂将杜甫登楼处保留，即今少陵台。清顺治年间，知县赵惠芽在台上建八角凉亭一座，并刻"杜公造像碑"树立亭中。2001年经济宁市人民政府批准，公布为第三批市级文物保护单位。

1. 少陵台
Shaoling's (Du Fu's) Terrace
2. 少陵台侧视
Shaoling's (Du Fu's) Terrace, side view

故县城子顶遗址　Site of Chengziding at Ancient Guxian County

　　位于泗水县中册镇故县村北。古城址位于岭顶，当地俗称为城子顶。城东北角及西南角发现城墙基址，为周至唐代文化遗存。2001年经济宁市人民政府批准，公布为第三批市级文物保护单位。

故泗水县城子顶遗址　Site of Chengziding at Ancient Sishui County

大泉瓷窑遗址
Site of Daquan Ceramic Kiln

位于泗水县金庄镇大泉村西，是一处隋唐时期瓷窑遗址，地表散布有大量瓷片及支钉等制瓷工具，调查报告1985年1月刊登在《考古》杂志上。2001年经济宁市人民政府批准，公布为第三批市级文物保护单位。

大泉瓷窑遗址 Site of Daquan Ceramic Kiln

汶上县城大遗址　Grand Site of Ancient Town of Wenshang

位于汶上县城内，2001年经济宁市人民政府批准，公布为第三批市级文物保护单位。遗址以保护标志为坐标点，向南至南外环路，东至汶上镇王府庄，北至汶上镇周村，西至西外环路，面积约3平方公里。时代跨度较大，从西周到明清。遗址内曾发现陶器、瓷器、铜器、铁器等，以陶器最多。根据历年的文物普查资料比对，再参稽以文献资料，推测县城遗址是汶上自周代以来的历代政治中心，即周代郈国、中都邑，汉唐平陆县、唐宋中都县、金元明清时期汶上县的县城所在地。

县城大遗址元明残垣　Ruins of Yuan- and Ming-dynasty city walls on the site

六、近现代重要史迹及代表性建筑
VI. Important Modern and Contemporary Sites

朱总司令召开军事会议会址　Venue of Military Conference Held by Commander-in-Chief Zhu De

　　朱总司令召开军事会议会址位于孔林的享殿内，享殿在孔子墓园前，始建于明弘治七年，现存建筑保存基本完好，是旧时祭祀孔子墓的主要场所。1950 年 10 月，朱德总司令曾在这儿召开过中国人民解放军 9 兵团团以上干部会议。会议由兵团司令员兼政委宋时轮主持，朱总司令作了抗美援朝动员报告。会议会址于 1977 年经山东省人民政府批准，公布为第一批省级文物保护单位。

会址照片　Site of the venue of the conference

羊山战斗纪念地　Memorial Site of the Yangshan Battle

位于金乡县城西北15公里的羊山镇羊山之东峰，为1947年7月在刘邓大军突破黄河天险后，歼敌5.6万人的羊山大战主战场，这次战役为羊山战役，又称鲁西南战役。现为鲁西南战役纪念馆馆区，主要有：革命烈士纪念塔、烈士公墓、羊山战役纪念馆、金乡县革命斗争史展览馆、战场遗址等。1992年经山东省人民政府批准，公布为第二批省级文物保护单位。

1. 鲁西南战役纪念馆
   Museum of the Southwest Campaign in Shandong Province
2. 羊山战役战场遗址
   Site of the Yangshan Battle

1. 纪念碑
   Monument to the battle
2. 羊山战役纪念地外景陈列
   Exhibits at the site of the Yangshan Battle
3. 碑廊
   Corridor of monuments
4. 邓小平题字

Inscription of Deng Xiaoping
5. 刘伯承题字
   Inscription of Marshal Liu Bocheng
6. 题字碑廊
   Inscribed steles along the corridor
7. 烈士墓地一角
   Graveyard of martyrs

戴庄天主教堂　Catholic Church at Daizhuang

　　位于济宁城北3公里处，为任城区所辖，原为德国圣言会鲁南总堂。早在1879年，传教士安治泰就收买了官僚李澍的花园（时称苌园）作为传教之地。1898年（光绪二十四年）起教会又利用"巨野教案"的清政府赔款扩建了教堂，今存者均为光绪年间的建筑，共900余间，占地120亩，包括圣堂、修道院、修女楼、神父楼、钟楼、书楼、华语学院等建筑。1992年经山东省人民政府批准，公布为第二批省级文物保护单位。

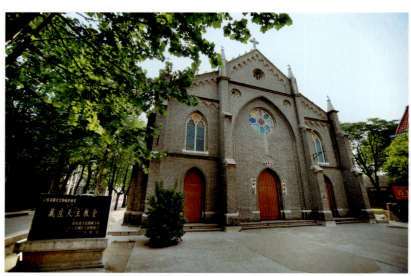

1. 戴庄教堂礼拜堂
   Service hall of the Catholic
2. 教堂花园—苌园大门
   Garden of the church—the Jinyuan
   Garden
3. 苌园
   Jinyuan Garden
4. 苌园花厅
   Flower hall of the Jinyuan garden
5. 神甫楼
   Priests' house

HISTORICAL SITES AND CULTURAL RELICS IN JINING

兖州天主教堂
Catholic Church in Yanzhou

　　天主教堂位于兖州城内，德国哥特式建筑，1891年德国圣言会传教士进入兖州，1898年开始营建兖州天主教堂，翌年建成21米高的大圣堂，后鲁南教区迁于此。天主教堂从1898年开始营建，到1948年兖州解放前夕，经过五十年的增修扩建，共建房718间，其中楼房286间，平房432间，购征土地1400多亩。外国传教士退走后，区内建筑渐次倒塌，现保存有主教楼、修女楼等建筑。2006年经山东省人民政府批准，公布为第三批省级文物保护单位。

1. 神父楼
   Priests' house
2. 修道院
   Monastery

曲师礼堂及教学楼　Auditorium and Classroom Building of Qufu Normal School

　　曲师礼堂及教学楼（含考棚）位于曲阜城西南部曲阜师范学校院内，始建于民国初年，是当时山东省立第二师范学堂的早期建筑，具有当时建筑中西合璧的鲜明特点。礼堂系山东著名教育家范明枢 1920 年在任时所建，拱顶式瓦面建筑，南北长 34.6 米，东西宽 15.8 米，是当时进步师生进行集会活动的主要场所；曲师教学楼是山东著名抗日烈士张郁光 1931 年所建，德式两层砖木结构建筑，东西长 34 米，南北宽 19.8 米，是学校当时最主要的教学场所；考棚为清代典型的三进式府衙建筑，始建于明代，清康熙五十一年（1712）改为兖州府考试东棚。光绪三十一年停科举，考院改设师范学校，为曲阜师范学校的前身。考棚原有大门、仪门、辕门、鼓吹亭、旗台、巡捕厅、考棚、大堂、穿堂、三堂等建筑。现仅存仪门、大堂、穿堂等。2006 年经山东省人民政府批准，公布为第三批省级文物保护单位。

曲师礼堂　Auditorium

HISTORICAL SITES AND CULTURAL RELICS IN JINING

1. 曲师教学楼
   Classroom building
2. 考棚
   Examination room
3. 清代考棚过厅
   Qing-dynasty hallway to the examination room
4. 明代石狮
   Ming-dynasty stone lion

牌坊街礼拜堂（含教士楼）　Church in Paifang Street

　　牌坊街礼拜堂（含教士楼）位于济宁市中区龙行路东段路北，即市第一人民医院西侧，为基督教美国长老会在济宁设立最早的教堂。清光绪元年（1875），教士洪凡提到济宁传教，并行医，约当20年后建立了这处礼拜堂。2006年经山东省人民政府批准，公布为第三批省级文物保护单位。

1. 礼拜堂
   Church
2. 教士楼
   Clergymen's house
3. 教堂题记石刻
   Stone Engravings in the church

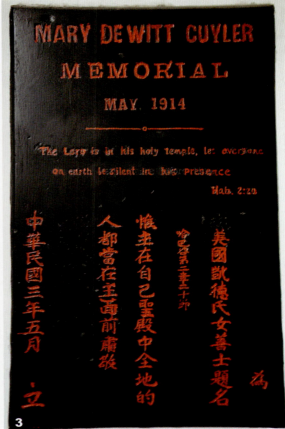

MARY DEWITT CUYLER
MEMORIAL
MAY. 1914

"The Lord is in his holy temple, let everyone
on earth be silent in his presence"

Hab. 2:20

中華民國三年五月　·立

惟主在自己聖殿中全地的
人都當在主面前肅靜

哈巴谷書第二章十節

美國凱德氏女善士題名

為

潘家大楼
Pan Family Residence

位于济宁市中心的古槐路（原北门大街）路西，是20世纪20年代初期北洋军阀吴佩孚属下旅长潘洪钧的私邸。这处私邸原有三进院落及两处跨院，房舍180多间，现存有前厅院、配厅、腰厅院、群楼等建筑。尤其群楼，具有民国时期豪华类建筑风格，其四面的四座楼构成一体，形成中间偌大的天井，集办公、住宿、演出、聚会场地于一体，颇具研究价值。2006年经山东省人民政府批准，公布为第三批省级文物保护单位。

1. 前厅楼
   Front building
2. 群楼外景
   Exterior of the buildings
3. 群楼内景
   Inside the building
4. 大楼梯间
   Staircase

白莲教起义军遗址　Site of the Uprising of the White Lotus Society

　　白莲教起义军遗址位于邹城市田黄镇白龙池、枣园、朝阳寺、辛庄等村。在凤凰山、红山一带诸山中，至今仍保留有起义军驻守的寨墙及墓冢遗迹。清咸丰十年(1860)，邹城东部山区凤凰山一带，爆发了以宋继鹏、郭凤冈、李八、李九等人为首领的文贤教农民起义，文贤教又称白莲教。他们以白莲教义相号召，以邹县白龙池为中心，出没于泗水、曲阜、滕县、泰安、平邑一带，后又大败清军。同治二年（1863），起义军被清军攻破最终失败，清军在白龙池及其周围村庄进行了灭绝人寰的血腥屠杀，死难将士共3万余人。后由地方政府组织人员搜尸埋骨60余冢，战马4000余匹埋坟四坑，以示"法外之仁"。遗址包括墓冢、战场、寨墙、孤魂坛等，《掩埋白莲池尸骨记》等碑刻已移入孟府保存。1985年经山东省人民政府批准，公布为第一批省级文物保护单位。

1. 白龙池及孤魂坛遗址
   White Dragon Pool and altars to dead soldiers

　　白龙池村地处今邹城市田黄镇东南，曾是白莲教起义军的根据地。此为白龙池水塘旧址，塘岸原有祭坛，坛上建有孤魂所三间，清末民初，常有百姓来此祭奠，香火袅袅。

2. 起义军寨墙
   Wall of the White Lotus Society rebellers' stockaded village

3. 白莲教起义军战场及尸骨冢
   Battleground of the White Lotus Society army and graves for dead soldiers

　　此为白龙池村东北的战场。起义军将士尸骨冢分布在猴子山、点灯山、凤凰山、鹿山区域内的10多个村寨，图中山脚下的尸骨冢即其中的一处。

尼山区抗日烈士纪念碑
Monument to Martyrs in War of Resistance Against Japanese Aggression in Nishan District

位于邹城市城前镇渠家庄东的苗子山之巅。此地松柏相映，群峰环抱，碑为上锐下丰的四面刻字碑，高2米。尼山地区是鲁南抗日革命根据地之一，当时鲁南一地委尼山行政公署、鲁南一军分区、邹县县委、县政府等机关就设在这里。在小山、十八盘山、孙徐、罗头、林村、赵容村、将军堂等数次战斗中，我军许多指战员和民兵英勇杀敌以身殉国，血染邹鲁大地，为纪念这些烈士，1943年尼山地区人民公立此碑。碑阳书"尼山区抗日烈士纪念碑"10字，碑阴为碑文，以激扬的文字叙述了烈士们的大无畏革命精神。两侧铭刻166位烈士姓名。1985年经济宁市人民政府批准，公布为第一批市级文物保护单位。

纪念碑碑亭　Pavilion with the monument to martyrs

黄家街教堂
Church in Huangjia Street

位于济宁市市中区县前街与黄家街的交汇处，建成于1925年。教堂民国时期属于基督教美洲浸信会的差会，现为济宁市基督教爱国委员会驻地。教堂为古堡式建筑，坐东向西，长25米，宽14.4米，高8.5米，堂内同时可容纳700人做礼拜。2000年5月，市基督教"两会"又在教堂之南建起教牧楼，这里已成为鲁中南一带的传教基地。2001年经济宁市人民政府批准，公布为第三批市级文物保护单位。

教堂外景
Exterior of the church

王杰纪念馆
Memorial Hall to Wang Jie

　　坐落于金乡县金乡镇王杰村内。王杰是1965年7月14日在江苏邳县帮助训练民兵时地雷爆炸，他舍身救护了在场的所有民兵。之后，在党中央、中央军委的号召下，全国掀起了波澜壮阔地学习王杰活动，故王杰英雄一时家喻户晓，纪念馆则是应人民群众的要求，在他的家乡建立的，是红色教育基地。馆内展出了英雄王杰的生平事迹，有党和国家领导人周恩来、朱德、董必武等亲笔题词和烈士的遗物、图片、文字等珍贵资料。2001年经济宁市人民政府批准，公布为第三批市级文物保护单位。现为山东省爱国主义教育基地。

1. 王杰"五好"战士喜报
   Citation of the report on Wang Jie being commended as a soldier with merits in five aspects
2. 王杰纪念馆
   Memorial Hall to Wang Jie

孔孟诞生圣地碑
Stele Commemorating the Birthplace of Confucius and Mencius

　　孔子、孟子双圣碑亭地处邹城西关火车站广场。邹城为孟子故里。孔子诞生地尼山，清末民初曾一度归邹，故当时的邹县教育会长张丕矩先生倡仪创制了"双圣碑"，于民国十三年（1924）树立于火车站旁。两碑形制相同，圆首，方形碑座，通高3.3米，碑身竖刻楷书"孔子诞生圣地"和"孟子诞生圣地"，碑文由兖州王景禧（孟子74代嫡孙孟繁骥的岳父）所书。2001年经济宁市人民政府批准，公布为第三批文物保护单位。

1. 孔子诞生圣地碑
   Stele commemorating the birthplace of Confucius
2. 孔孟诞生圣地碑亭
   Pavilion with stele commemorating the birthplace of Confucius and Mencius

济宁市世界文化遗产一览表
Table of World Cultural Heritage of Jining City

编号	保护单位名称	类别	时　代	地理位置	公布时间
1	孔庙	古建筑	金至清	山东省曲阜市	1994.12.28
2	孔府	古建筑	金至清	山东省曲阜市	1994.12.28
3	孔林	古墓葬	东周	山东省曲阜市	1994.12.28

济宁市全国重点文物保护单位一览表
Table of Key Jining Cultural Relics Units under the State Protection

编号	保护单位名称	类别	时　代	地理位置	公布时间
1	曲阜鲁国故城	古遗址	周至汉	山东省曲阜市	1961.3.4
2	曲阜孔庙及孔府	古建筑	金至清	山东省曲阜市	1961.3.4
3	孔林	古墓葬	东周	山东省曲阜市	1961.3.4
4	嘉祥武氏墓群石刻	古建筑	东汉	山东省嘉祥县	1961.3.4
5	崇觉寺铁塔	古建筑	北宋	山东省济宁市	1988.1.13
6	孟庙、孟府和孟林	古建筑	明清	山东省邹城市	1988.1.13
	孟林	古墓葬	战国、汉	山东省邹城市	2006.5.25
7	铁山岗山摩崖石刻	石刻	北周	山东省邹城市	1988.1.13
	葛山摩崖石刻	石刻	北周	山东省邹城市	2006.5.25
	峄山摩崖石刻群	石刻	北齐、宋至清	山东省邹城市	2006.5.25
8	颜庙	古建筑	元至清	山东省曲阜市	2001.6.25
9	汉鲁王墓	古墓葬	西汉	山东省曲阜市、邹城市	2001.6.25
10	王因遗址	古遗址	新石器时代	山东省兖州市	2006.5.25
11	贾柏遗址	古遗址	新石器时代	山东省汶上县	2006.5.25
12	邾国故城	古遗址	周至汉	山东省邹城市	2006.5.25
13	萧王庄墓群	古墓葬	汉	山东省济宁市	2006.5.25
14	明鲁王墓	古墓葬	明	山东省邹城市	2006.5.25
15	卞桥	古建筑	唐至金	山东省泗水县	2006.5.25
16	曾庙	古建筑	明清	山东省嘉祥县	2006.5.25
17	尼山孔庙及书院	古建筑	明清	山东省曲阜市	2006.5.25
18	济宁东大寺	古建筑	明清	山东省济宁市	2006.5.25
19	京杭大运河	古建筑	春秋至清	北京市、天津市、河北省、山东省、江苏省、浙江省	2006.5.25

济宁市省级文物保护单位一览表

Table of Jining Cultural Relics Units under the Protection of Shandong Province

编号	保护单位名称	类别	时 代	地理位置	公布时间
1	汉碑群	石刻	汉、唐	济宁市铁塔街	1977.12.23
2	孟庙	古建筑	明清	邹城市南关	1977.12.23
3	济宁铁塔	古建筑	宋	济宁市铁塔寺街	1977.12.23
4	四基山崖墓群	古墓葬	汉	邹城市大束镇	1977.12.23
5	九龙山崖墓群	古墓葬	汉	曲阜市小雪镇	1977.12.23
6	颜庙	古建筑	元至清	曲阜市城区内	1977.12.23
7	朱总司令召开军事会议会址	革命遗址	1950年	曲阜市孔林内	1977.12.23
8	周公庙	古建筑	明清	曲阜市周公庙村	1977.12.23
9	尼山建筑群（包括林木）	古建筑	清	曲阜市尼山乡	1977.12.23
10	防山墓群	古墓葬	周、汉	曲阜市防山西路	1977.12.23
11	韦家墓群	古墓葬	周、汉	曲阜市董庄乡韦家庄	1977.12.23
12	姜村古墓	古墓葬	汉	曲阜息陬乡姜村	1977.12.23
13	少昊陵	古建筑	宋至清	曲阜市书院乡旧县村	1977.12.23
14	孟母林墓群	古墓葬	东周至清	曲阜市小雪镇	1977.12.23
15	安丘王墓群	古墓葬	明	曲阜市吴村镇红山村	1977.12.23
16	野店遗址	古遗址	新石器时代	邹城市峄山乡野店村南	1977.12.23
17	邾国故城	古遗址	东周至汉	邹城市峄山乡纪王村	1977.12.23
18	铁山摩崖石刻(包括岗山、葛山)	石刻	北周	邹城市城关镇	1977.12.23
19	萧王庄墓群	古墓葬	汉	济宁市任城区李营镇萧王庄	1977.12.23
20	尖山崖墓	古墓葬	汉	嘉祥县仲山乡清凉寺村	1977.12.23
21	兴隆塔	古墓葬	唐、宋	兖州市城内	1977.12.23
22	西吴寺遗址	古遗址	新石器时代	兖州市小孟乡西吴寺村	1977.12.23
23	寺堌堆遗址	古遗址	新石器时代	济宁任城区唐口镇寺下郝村	1977.12.23
24	汶上砖塔	古建筑	宋	汶上县城内	1977.12.23
25	微山岛古墓	古墓葬	汉	微山县微山岛乡墓前村	1977.12.23
26	卞桥	古建筑	唐至金	山东省泗水县泉林镇	1977.12.23
27	梁公林	古墓葬	周、汉	曲阜市防山乡	1992.6.12
28	洙泗书院	古建筑	明清	曲阜市书院乡书院村西	1992.6.12
29	孟林	古墓葬	战国、汉	山东省邹城市大束镇	1992.6.12
30	明鲁王墓	古墓葬	明	邹城市中心镇大束镇	1992.6.12
31	漆女城遗址	古遗址	新石器时代商周	邹城市城关镇朱村南	1992.6.12
32	峄山摩崖石刻群	石刻	北齐 宋至清	邹城市峄山	1992.6.12
33	济宁东大寺	古建筑	明	山东省济宁市	1992.6.12
34	曾子庙	古建筑	明	嘉祥县满硐乡南武山村	1992.6.12
35	郗鉴墓	古墓葬	晋	嘉祥县马集乡上店子村	1992.6.12

36	茅家堌堆墓群	古墓葬	汉	汶上、嘉祥、梁山交界处	1992.6.12
37	金口坝	古建筑	隋至清	兖州市城东	1992.6.12
38	西桑园遗址	古遗址	新石器时代	兖州市小孟乡西桑园村西	1992.6.12
39	王因遗址	古遗址	新石器时代	兖州市王因镇王因村南	1992.6.12
40	东顿村遗址	古遗址	战国、汉	兖州市新驿镇东顿村	1992.6.12
41	亢父故城	古遗址	秦、汉	济宁市任城区喻屯乡城南张村北	1992.6.12
42	戴庄天主教堂	古建筑	1879年	任城区李营镇戴庄村	1992.6.12
43	贾柏遗址	古遗址	新石器时代	汶上县苑庄乡东西贾柏村	1992.6.12
44	南旺分水龙王庙	古建筑	明清	汶上县南旺镇	1992.6.12
45	水牛山摩崖石刻	石刻	北齐	汶上县白石乡小楼村东	1992.6.12
46	仲子庙	古建筑	明清	微山县鲁桥镇仲浅村	1992.6.12
47	伏羲庙	古建筑	明	微山县两城乡刘庄村	1992.6.12
48	尹洼遗址	古遗址	新石器时代商、周	微山县欢城镇尹洼村北	1992.6.12
49	明鲁惠王、恭王、端王墓	古墓葬	明	泗水县圣水峪乡皇城村北	1992.6.12
50	鱼山堌堆遗址	古遗址	商、汉	金乡县鱼山乡寻楼村	1992.6.12
51	缗城堌堆遗址	古遗址	新石器时代、商、周	金乡县卜集乡缗城堌堆村西	1992.6.12
52	羊山战斗纪念地	革命遗址	1947年	金乡县羊山镇羊山集村	1992.6.12
53	栖霞寺堌堆遗址	古遗址	新石器时代、商、周	鱼台县李阁乡满庄西	1992.6.12
54	武棠亭遗址	古遗址	商、周	鱼台县王鲁乡武台村	1992.6.12
55	青堌堆遗址	古遗址	新石器时代、商、周	梁山县李官屯乡青堌堆村	1992.6.12
56	少昊陵遗址	古遗址	新石器时代	曲阜市书院街道办事处旧县村	2006.12.7
57	西夏侯遗址	古遗址	新石器时代	曲阜市息陬乡西夏侯村	2006.12.7
58	凤凰台遗址	古遗址	新石器时代、商	济宁市任城区南张镇凤凰台村	2006.12.7
59	天齐庙遗址	古遗址	新石器代至商周	泗水县泗张镇天齐庙付	2006.12.7
60	史海遗址	古遗址	新石器时代至汉	济宁市任城区安居镇史海村	2006.12.7
61	尹家城遗址	古遗址	新石器时代、商、周	泗水县金庄镇尹家城村	2006.12.7
62	任城城子崖遗址	古遗址	新石器时代、周 汉、两汉、唐宋	济宁市任城区长沟镇城子崖村	2006.12.7
63	焦国故城遗址	古遗址	周	嘉祥县纸坊镇西焦城村、 朱街村、张街村、马街村	2006.12.7
64	法兴寺遗址（包括莲台石刻、东鲁西竺禅师墓塔、问礼堂	古遗址	唐、宋、明	梁山县梁山风景名胜区内	2006.12.7
65	仙源县故城	古遗址	宋至明	曲阜市书院街道办事处旧县村	2006.12.7
66	凫山羲皇庙遗址	古遗址	元	邹城市郭里镇爷娘庙村凫山西麓	2006.12.7
67	蚩尤冢	古墓葬	新石器时代	汶上县南旺镇	2006.12.7
68	曾子墓	古墓葬	东周	嘉祥县满硐乡南武山村	2006.12.7
69	樊迟墓	古墓葬	春秋	鱼台县王鲁镇武台村	2006.12.7
70	林放墓(含问礼故址)	古墓葬	春秋	曲阜市小雪镇林家村	2006.12.7
71	东颜林	古墓葬	春秋至清	曲阜市防山乡程庄村	2006.12.7
72	光善寺塔	古建筑	唐	金乡县城区	2006.12.7
73	汶上文庙	古建筑	唐、明、清	汶上县城区	2006.12.7
74	重兴塔	古建筑	北宋	邹城市城区	2006.12.7

HISTORICAL SITES AND CULTURAL RELICS IN JINING

75	青山寺	古建筑	宋、元、明、清	嘉祥县纸坊镇青山西麓	2006.12.7
76	汶上关帝庙	古建筑	元	汶上县城区	2006.12.7
77	柳行东寺	古建筑	明	济宁市中区	2006.12.7
78	九仙山建筑群	古建筑	明清	曲阜市吴村镇九仙山	2006.12.7
79	曲阜明故城城楼	古建筑	明清	曲阜市鲁城街道办事处	2006.12.7
80	四基山观音庙（含古树名木）	古建筑	明清	曲阜市南辛镇烟庄南四基山	2006.12.7
81	曹氏家祠	古建筑	明清	嘉祥县梁宝寺镇曹垓村、曹庄曹北村	2006.12.7
82	吕家宅院	古建筑	清	济宁市中区	2006.12.7
83	慈孝兼完坊	古建筑	清	济宁市中区	2006.12.7
84	郑氏庄园	古建筑	清	兖州市颜庙镇洪福寺村、郑郗村	2006.12.7
85	石门寺建筑群	古建筑	清	曲阜市董庄乡石门山	2006.12.7
86	鱼台孔庙大殿	古建筑	清	鱼台县鱼城镇	2006.12.7
87	岳氏家祠	古建筑	清	嘉祥县孟姑集乡岳楼村	2006.12.7
88	金乡节孝坊	古建筑	清	金乡县金乡镇清真街	2006.12.7
89	孟母三迁祠	古建筑	清	邹城市凫山街道办事处庙户营村	2006.12.7
90	凤凰山石窟造像	石窟寺及石刻	唐	邹城市张庄镇圣水池村	2006.12.7
91	九龙山摩崖造像石刻	石窟寺及石刻	唐	曲阜市小雪镇武家村	2006.12.7
92	兖州天主教堂	近现代重要史迹及代表性建筑	清	兖州市城区	2006.12.7
93	曲师礼堂及教学楼（含考棚）	近现代重要史迹及代表性建筑	清、民国	曲阜市曲阜师范学校院内	2006.12.7
94	潘家大楼	近现代重要史迹及代表性建筑	民国	济宁市中区	2006.12.7
95	牌坊街礼拜堂（含教士楼）	近现代重要史迹及代表性建筑	民国	济宁市中区	2006.12.7

济宁市市级文物保护单位一览表

Table of Cultural Relics Units under the Protection of Jining City

编号	保护单位名称	类别	时　代	地理位置	公布时间
1	太白楼	古建筑	建国初	市中区太白楼中路	1985年4月17日
2	东大寺	古建筑	明代	市中区古运河西岸	1985年4月17日
3	柳行东寺	古建筑	明代	市中区柳行南街	1985年4月17日
4	石坊	古建筑	清代	市中区翰林街南头	1985年4月17日
5	浣笔泉	古遗址	明.清	市中区浣笔泉路南头	1985年4月17日
6	竹杆巷(竹杆巷街、纸坊街、纸店街、汉石桥街)	古遗址	元	市中区竹杆巷街等	1985年4月17日
7	潘家大楼	古建筑	民国	市中区古槐路北端路西	1985年4月17日
8	吕家宅院	古建筑	清末	市中区文昌阁街西端路北	1985年4月17日
9	古运河(城区段及引光济运马驿桥段)	古遗址	明代	市中区城区段引光济运马驿桥段	1985年4月17日
10	智照禅师塔	古建筑	金	市中区人民公园	2001年3月1日
11	济州城墙	古建筑	金、明	市中区环城北路	2001年3月1日
12	琵琶山遗址	古遗址	大汶口文化	市中区琵琶山东路	2001年3月1日
13	回民小学汉墓	古墓葬	汉代	市中区越河北岸回民小学内	2001年3月1日
14	大石桥	古建筑	明代	市中区金城街道办事处北关	2001年3月1日
15	夏桥	古建筑	明代	市中区金城街道办事处夏桥居委	2001年3月1日
16	太和桥	古建筑	明代	市中区枣店阁居委	2001年3月1日
17	李守信门坊	古建筑	明代	市中区顺河街35号	2001年3月1日
18	汪杰妻程氏贞节坊	古建筑	明代	市中区顺河街	2001年3月1日
19	礼拜堂教士楼	近现代	1914年	市中区市人民医院西	2001年3月1日
20	黄家街教堂	近现代	民国	市中区吉祥小区(县前街)	2001年3月1日
21	城子崖遗址	古遗址	大汶口.龙山商、周	任城区长沟镇城子崖村	1985年4月17日
22	亢父故城(包括城南张汉墓群)	古遗址	东周至汉	任城区喻屯乡城南张村	1985年4月17日
23	凤凰台遗址	古遗址	商、周	任城区南张乡凤凰台村西	1985年4月17日
24	义合遗址	古遗址	龙山文化	任城区二十里铺镇义合村	1985年4月17日
25	党堌堆遗址	古遗址	龙山文化	任城区长沟镇党庄村	1985年4月17日
26	刘林遗址	古遗址	商、周、汉	任城区唐口镇刘街村	1985年4月17日
27	汉丞相灌婴墓	古墓葬	汉代	任城区接庄镇西灌村	1985年4月17日
28	史海遗址	古遗址	大汶口文化.商	任城区安居镇史海村	2001年3月1日
29	东颜林	古墓葬	春秋至清	曲阜市防山乡程庄东北	1985年4月17日
30	石门寺建筑群	古建筑	明、清	曲阜市董庄乡石门山前	1985年4月18日
31	梁公林	古墓葬	春秋至汉	曲阜防山乡梁公林村北	1985年4月19日
32	洙泗书院		明、清	曲阜市书院办事处书院村西	1985年4月19日
33	九龙山摩崖造像石刻	古石刻	唐	曲阜市小雪镇武家村东	1985年4月19日

34	少昊陵遗址	古遗址	新石器时代	曲阜市书院乡旧县村北	1985 年 4 月 20 日
35	景灵宫遗址	古遗址	宋代	曲阜市书院乡旧县北关村东	1985 年 4 月 21 日
36	董大城古城址	古遗址	战国至宋	曲阜市董庄乡董庄村北	1985 年 4 月 22 日
37	西夏侯遗址	古遗址	新石器时代	曲阜市息陬乡西夏候村	1985 年 4 月 23 日
38	果庄遗址	古遗址	新石器时代	曲阜市陵城镇小果庄村东	1985 年 4 月 24 日
39	明故城	古建筑	明(正德)	曲阜城内	2001 年 3 月 1 日
40	九仙山建筑群及碑刻	古建筑	明、清	曲阜市吴村镇九仙山上	2001 年 3 月 1 日
41	坡里遗址	古遗址	大汶口,龙山文化	曲阜市董庄乡坡里村	2001 年 3 月 1 日
42	林放墓(附问礼故址)	古墓葬	春秋	曲阜市小雪镇林家村西	2001 年 3 月 1 日
44	尼山区抗日烈士纪念碑	近现代	1943 年	邹城市城前镇渠庄村南 100 米	1985 年 4 月 7 日
45	重兴塔	古建筑	宋代	邹城市老城区北门里	1985 年 4 月 8 日
46	孟母三迁祠	古建筑	清代	邹城市城西庙户营村	1985 年 4 月 9 日
47	万章墓	古墓葬	战国	邹城市北宿镇后万村东	1985 年 4 月 10 日
48	白莲教起义军遗址	古遗址	清代	邹城市田黄镇白莲池	1985 年 4 月 11 日
49	漆女城遗址	古遗址	新石器时代至周	邹城市城关镇朱村南	1985 年 4 月 12 日
50	峄山摩崖石刻	石刻	北齐至北周	邹城市峄山	1985 年 4 月 12 日
51	鲁荒王妃墓	古墓葬	明	邹城市中心镇尚寨村	1985 年 4 月 12 日
52	寺顶子遗址	古遗址	周	邹城市田黄镇栖驾峪村	1985 年 4 月 12 日
53	斗鸡台遗址	古遗址	商、周	邹城市峄山镇稻洼村	1985 年 4 月 13 日
54	凤凰山大王窝石窟佛造像	古石刻	唐代	凤凰山大王窝	1985 年 4 月 14 日
55	黄山十八罗汉汉洞造像	古石刻	宋	邹城市看庄镇	1985 年 4 月 15 日
56	乌林答墓	古墓葬	金	邹城市郭里镇羊山村西	1985 年 4 月 16 日
57	城前遗址	古遗址	汉代	邹城市城前镇城前村	2001 年 3 月 1 日
58	龙山玉皇殿	古建筑	明代	邹城市香城镇戴庄龙山上	2001 年 3 月 1 日
59	西丁遗址	古遗址	商、周	邹城市北宿镇西丁村	2001 年 3 月 1 日
60	凫山羲皇庙遗址	古遗址	元	邹城市郭里镇爷娘庙村	2001 年 3 月 1 日
61	孔孟诞生圣地碑	古石刻	民国	邹城市火车站广场碑亭内	2001 年 3 月 1 日
62	青山寺	古建筑	元、明	嘉祥县纸坊镇姚官屯村	1985 年 4 月 17 日
63	冉子祠（包括古柏）	古建筑	清	嘉祥县黄垓乡黄村北	1985 年 4 月 17 日
64	曾子庙	古建筑	明代	嘉祥县满硐乡南武山村	1985 年 4 月 17 日
65	郗鉴墓	古墓葬	晋	嘉祥县马集乡上店子村	1985 年 4 月 17 日
66	鲁诸公墓	古墓葬	春秋	嘉祥县梁宝寺镇杜庄村	1985 年 4 月 17 日
67	焦国故城遗址	古遗址	周	嘉祥县纸坊镇西焦城村	1985 年 4 月 17 日
68	薛仁贵墓	古墓葬	唐	嘉祥镇杜庄村东南	1985 年 4 月 17 日
69	曾子墓	古墓葬	东周	嘉祥县满硐乡玄武山村西	1985 年 4 月 17 日
70	曹氏墓群	古墓葬	元	嘉祥县梁宝寺镇石林村西	1985 年 4 月 17 日
71	高斗光墓	古墓葬	明代	嘉祥县马集乡吴街村西	2001 年 3 月 1 日
72	岳氏家祠	古建筑	清	嘉祥县孟姑集乡岳楼村	2001 年 3 月 1 日
73	王氏墓群	古墓葬	元代	嘉祥县纸坊镇石腊屯村	2001 年 3 月 1 日
74	梁街玉皇阁	古建筑	元代	老僧堂乡梁街村曹街	2001 年 3 月 1 日
75	韩氏家祠	古建筑	明代	嘉祥县梁宝寺镇韩垓村	2001 年 3 月 1 日
78	曹氏家祠	古建筑	明、清	嘉祥县梁宝寺镇曹垓、曹庄村	2001 年 3 月 1 日

HISTORICAL SITES AND CULTURAL RELICS IN JINING

76	王因遗址	古遗址	新石器时代	兖州市王因镇王因村南	1985 年 4 月 17 日
77	西桑园遗址	古遗址	新石器时代	兖州市小孟镇小孟乡西桑园村西	1985 年 4 月 17 日
79	滋阳山遗址	古遗址	大汶口文化	兖州市颜店镇嵫山南坡	1985 年 4 月 17 日
80	李宫遗址	古遗址	商周	兖州市颜店镇中李宫村东	1985 年 4 月 17 日
81	青莲阁	古建筑	清	兖州市城东泗河西岸	1985 年 4 月 17 日
82	屯头遗址	古遗址	龙山文化、商周	兖州市颜店镇屯头村西	1985 年 4 月 17 日
83	西顿村遗址	古遗址	龙山文化、商周	兖州市新驿镇西顿村南	1985 年 4 月 17 日
84	马楼遗址	古遗址	岳石文化	兖州市新驿镇马楼村西	1985 年 4 月 17 日
85	春秋阁	古建筑	明	兖州县广播局院内	1985 年 4 月 17 日
86	玄帝庙大殿	古建筑	明	兖州市颜店镇颜店村	1985 年 4 月 17 日
87	滋阳山和郑郜郑氏地庄园(围墙和现存建筑)	古建筑	清	兖州市颜店镇洪福寺村.郑郜村	1985 年 4 月 17 日
88	梁营遗址	古遗址	龙山文化	兖州市王因镇梁营村南	2001 年 3 月 1 日
89	安家庙遗址	古遗址	龙山文化	兖州市谷村镇安家庙村南	2001 年 3 月 1 日
90	广街遗址	古遗址	龙山文化.商周	兖州市新兖镇广街村西	2001 年 3 月 1 日
91	范家堂遗址	古遗址	大汶口文化	兖州市新兖镇范家堂村西	2001 年 3 月 1 日
92	太平遗址	古遗址	大汶口文化	兖州市小孟镇太平村西南	2001 年 3 月 1 日
93	故县东遗址	古遗址	龙山文化.商周	兖州市颜店镇故县村东	2001 年 3 月 1 日
94	鹅鸭厂遗址	古遗址	龙山文化.商周	兖州市黄屯镇鹅鸭厂村	2001 年 3 月 1 日
95	东曹窑址	古遗址	南北朝	兖州市漕河镇东营村东	2001 年 3 月 1 日
96	贾凫西墓	古墓葬	清代	兖州市新兖镇牛王村南	2001 年 3 月 1 日
97	少陵台	古遗址	明、清	兖州市区中御桥东	2001 年 3 月 1 日
98	兖州天主教堂	近现代	清代	兖州市区新世纪南路	2001 年 3 月 1 日
99	酒仙桥	古建筑	唐	兖州市区府河上	2001 年 3 月 1 日
100	文庙建筑群	古建筑	明清	汶上县城教育局院内	1986 年 3 月 8 日
101	阚城遗址（包括鲁诸公墓）	古遗址	周、春秋	汶上县南旺镇十闸村西	1986 年 3 月 8 日
102	关帝庙	古建筑	元	汶上县城文管所院内	1986 年 3 月 8 日
103	东尚庄遗址	古遗址	大汶口文化.商	汶上县南站镇东尚庄村东	1986 年 3 月 8 日
104	水牛山摩崖刻石	石刻	北齐	汶上县白石乡小楼村村东	1986 年 3 月 8 日
105	分水龙王庙建筑群	古建筑	明	汶上县南旺镇	1986 年 3 月 8 日
106	白店遗址	古遗址	大汶口文化.商	汶上县义桥乡白店村东	1986 年 3 月 8 日
107	徐海遗址	古遗址	大汶口文化	汶上县康驿乡徐村东南	1986 年 3 月 8 日
109	轱轮地遗址	古遗址	大汶口文化. 周、汉	汶上县康驿乡徐村东南	1986 年 3 月 8 日
110	琵琶山石塔	古建筑	唐代	汶上县军屯乡琵琶山南麓	2001 年 3 月 1 日
111	李街石刻群	古墓葬	明代	汶上镇李街村西南	2001 年 3 月 1 日
112	高街遗址	古遗址	大汶口文化	汶上县康驿乡高街村村东	2001 年 3 月 1 日
113	汶上县城大遗址	古遗址	西周.春秋.元	汶上县城下及城东南	2001 年 3 月 1 日
114	蚩尤冢	古墓葬	新石器时代	汶上县南旺镇西 1500 米	2001 年 3 月 1 日
115	郭林石刻群(包括墓葬)	古石刻	明代	汶上县白石乡郭林村	1986 年 3 月 8 日
116	王楼王氏家庙和张楼张氏庄园	古建筑	清代	汶上县杨店乡王楼村和张楼村	1986 年 3 月 8 日
117	仲子庙	古建筑	明	微山县鲁桥镇仲浅村	1985 年 4 月 17 日

118	伏羲庙	古建筑	明	微山县两城乡陈庄村	1985年4月17日
119	尹洼遗址	古遗址	新石器时代商周	微山县欢城镇尹洼村北	1985年4月17日
120	堂台遗址	古遗址	商.周.汉	微山县两城乡南薄村	1985年4月17日
121	昭庆寺遗址	古遗址	西周	微山县夏镇曹庄	1985年4月17日
122	李埝堆遗址	古遗址	商至周	微山县夏镇埝堆村	1985年4月17日
123	宋贤目夷君墓	古墓葬	春秋	微山县微山岛	1985年4月17日
124	部城遗址	古墓葬	周至汉	微山县夏镇部城村	1985年4月17日
125	欢城遗址	古遗址	春秋、汉	微山县欢城镇驻地周围	1985年4月17日
126	火山古墓群	古墓葬	汉代	微山县两城乡南薄村西	1985年4月17日
127	两城古墓群	古墓葬	汉代	微山县两城乡两城村北	1985年4月17日
128	独山古墓群	古墓葬	汉代	微山县两城乡独山村北	1985年4月17日
129	王庄古墓群	古墓葬	战国、汉	微山县夏镇王庄村西	2001年3月1日
130	大辛庄古墓群	古墓葬	汉代	微山县两城乡大辛庄村	2001年3月1日
131	官口村隋唐佛教遗址	古遗址	隋.唐	微山县夏镇大官口村	2001年3月1日
132	缯城堌堆遗址	古遗址	新石器时代至汉	金乡县卜集乡缯城堌堆村	1985年4月17日
133	羊山战役纪念地	革命遗址	1947年	金乡县羊山镇羊山集村	1985年4月17日
134	光善寺塔（文峰塔）	古建筑	唐代	金乡县城公园内	1985年4月17日
135	山阳故城遗址	古遗址	汉代	金乡县卜集乡寺后王村	1985年4月17日
136	周堌堆遗址	古遗址	龙山文化至汉	金乡县司马乡周堌堆村	1985年4月17日
	春城堌堆遗址	古遗址	商周	金乡县金乡镇孙楼东50米	2001年3月1日
137	小张湾遗址	古遗址	商	金乡县城南兴隆乡张湾村	2001年3月1日
138	刘庄遗址	古遗址	汉、宋	金乡县胡集镇刘庄村南	2001年3月1日
139	羊山汉墓群	古墓葬	汉代	金乡县城羊山镇羊山村北	2001年3月1日
140	王杰纪念馆	近现代	1965年	金乡县金乡镇王杰村	2001年3月1日
141	节孝坊	古建筑	明代	金乡县城清真街	2001年3月1日
142	郭东藩墓石刻	古石刻	明代	金乡县城北胡集镇郭山口村	2001年3月1日
143	奎星楼	古建筑	明代	金乡县县城星湖公园内	2001年3月1日
144	栖霞堌堆遗址	古遗址	新石器时代	鱼台县李阁乡满庄西	1985年4月17日
145	武棠亭遗址	古遗址	商周	鱼台县王鲁乡武台村	1985年4月17日
146	孔庙大殿	古建筑	清代	鱼台县第二中学院内	1985年4月17日
147	鱼台旧城遗址	古遗址	唐至清	鱼台县王庙镇旧城里村一带	1985年4月17日
148	樊迟墓	古墓葬	春秋	鱼台县王鲁镇武台村西南	2001年3月1日
149	闵子祠	古建筑	清代	鱼台县王鲁镇大闵村内	2001年3月1日
150	左堌堆遗址	古石刻	龙山文化.商周	鱼台县唐马乡左堌堆村东部	2001年3月1日
151	韩氏墓碑	古石刻	明朝	鱼台县唐马乡韩庄村西	2001年3月1日
152	演马坡遗址	古遗址	大汶口文化	泗水县大皇沟乡演马坡村	1986年3月8日
	三王墓（包括村前御桥）	古墓葬	明	泗水县圣水峪乡皇城村北	1986年3月8日
153	小朱家村遗址	古遗址	大汶口文化	泗水县柘沟镇小朱家村南	1986年3月9日
154	寺台遗址	古遗址	龙山文化.周	泗水县高峪乡寺台村	1986年3月10日
155	天齐庙遗址	古遗址	龙山文化.周	泗水县南陈乡天齐庙村北	1986年3月11日
156	小城子遗址	古遗址	周、汉	泗水县圣水峪乡小城子村	1986年3月12日
157	卞城遗址	古遗址	周、汉	泗水县泉林镇卞桥村	1986年3月13日

158	鲍王坟(包括徐家楼墓群)	古墓葬	汉	泗水县城关镇鲍王村和徐楼村西	1986年3月14日
159	泉林 （包括碑刻、石桥、石舫、银杏树、陪尾山）	其他	明清	泗水县泉林镇泉林村前	1986年3月15日
160	星村遗址	古遗址	龙山文化.周.F236汉	泗水县星村镇星村	1986年3月8日
161	北百顶遗址	古遗址	汉	泗水县星村镇北百顶村	2001年3月1日
162	故县城子顶遗址	古遗址	北魏	泗水县中册镇故县村东北	2001年3月1日
163	大泉瓷窑址	古遗址	隋.唐	泗水县金庄镇大泉村西	2001年3月1日
164	安山寺(包括罗汉洞)	古建筑	唐	泗水县泗张镇安山林场	2001年3月1日
165	水泊梁山名胜区(包括梁山寨、莲台石刻、东鲁西竺禅师塔、问礼堂、法兴寺、天齐庙、八角琉璃井)	古建筑	汉、宋.明	梁山县梁山镇	2001年3月1日
166	贾堌堆遗址	古遗址	龙山文化、周	梁山县大路口乡吕那里村	2001年3月1日
167	独山抗日歼灭战遗址	古遗址	1939年	梁山县梁山镇独山村	2001年3月1日
168	荣子墓及荣氏祠堂	古墓葬	春秋	汶上县白石乡昙山宛庄镇西演马村	2008年6月12日

后 记

  经过几个月紧张有序的工作,《济宁文物古迹》书稿业已完成。在本书即将付梓之际,倍感欣慰。济宁作为著名的"孔孟之乡、运河之都",文化底蕴深厚,文物古迹众多,丰富而珍贵的文物资源,使我们感到自豪;各级领导对文化遗产事业的重视和支持,使我们充满自信;群众保护文化遗产的热情和呼声,使我们深感责任重大。我们没有任何理由不贯彻落实好"保护为主、抢救第一、合理利用、加强管理"的文物工作方针,全力开创新形势下文化遗产事业新局面,为我市科学发展、跨越发展多作贡献。

  保护好、利用好文化瑰宝,是我们义不容辞的职责。通过宣传教育变文化遗产保护为群众的自觉行动,我们同样责无旁贷。正是基于这样的考虑,组织编撰了《济宁文物古迹》这本书。该书以已经公布的市级、省级、全国重点文物保护单位为内容,全面展示了这批文物古迹,为广大读者奉献出一份文化大餐。该书也是市内不可移动文物的基础档案,一册在手,即可帮助人们了解市内级别文物的概貌,书稿以纪实的笔法,不尚夸张,真实而确切地记述了每一处文物古迹并配以大量彩色图版,更能使读者直观地了解文物概貌。书中的表格则是一条引线,直接将文物保护单位原文列入,以供备查。

  在本书的编撰过程中,得到了市委、市政府主要领导及分管领导的高度重视和支持;市直及县市区文物部门和有关同志,在本书的编撰、照片拍摄过程中付出了大量心血。具体资料及统编工作由朱承山同志完成。王天湖同志不仅协助拍摄师完成了拍摄任务,而且参与了编辑校对工作。尤其值得提及的是,摄影师王雪峰、吕明两位先生,在百忙之中跋山涉水,不辞辛劳。出版社李穆等同志,也为该书的组稿编撰付出了辛劳。值此付梓出版之际,我代表济宁市文物管理局向所有为本书做出贡献的领导和同志们表示诚挚的谢意。聊以数语以为记。

济宁市文物管理局局长 孙美荣
2009 年 7 月

Postscript

After several months' hard work, *the Historical Sites and Cultural Relics in Jining* is finally ready for printing. I am very content with the publication of the book. As the home to Confucius and Mencius and an important city on the Great Canal, Jining has a profound culture and long history and possesses a plethora of valuable cultural relics that are a point of pride for Jining people.

Leadership at all levels paid a lot of attention to the undertaking of cultural heritage and gave great support. That gives us confidence for the successful preservation of cultural relics. The general public's enthusiasm for the preservation of cultural relics and their call for a better job in this field have showered responsibilities upon us. We have every intention to carry out the guideline of "taking the protection of historical sites and relics as the main task, restoring them first, utilizing them rationally and improving the management" and creating a new chapter for the undertaking of cultural heritage under the new situation, thus making more contributions to the scientific and leapfrogging development of Jining.

To preserve and better utilize cultural treasures is our unshakable duty. It is also our duty to focus the preservation of cultural heritage into people's conscious actions by way of education and dissemination of related knowledge. Out of this consideration we compiled the book *Historical Sites and Cultural Relics in Jining*. This book presents historical sites and cultural relics which have been put under the protection of the governments of Jining City, Shandong Province and the country. The comprehensive introduction of those sites and relics is definitely a cultural feast to readers. It also serves as an inventory of immovable historical objects in Jining, giving the reader an overall view of the city's culture and history. The book is written in a succinct and straightforward language, without any exaggeration. Each site or relic is illustrated with colored pictures that provide readers a great visual enjoyment. The tables in the book include the names, addresses and other information of those sites and relics for reference.

During the compilation of the book, we received adequate attention and support from leaders of the Chinese Communist Party Committee of Jining and government of Jining and leaders who are put in charge of works related with cultural relics. Many people in the cultural relics departments of the city and counties under the jurisdiction of the city invested effort and time in editing the book and providing photographs. The content was collected and compiled by Zhu Chengshan. Wang Tianhu not only assisted photographers, but also proofread and edited the book. Special thanks must be given to the photographers Wang Xuefeng and Lü Ming who traveled over mountains and rivers to take pictures. Li Mu at the publishing house has also devoted hard work to the compilation of the book. Upon the completion of the book, I would like to extend my heartfelt appreciation to everyone who has contributed to the book on behalf of the Cultural Relics Administration Bureau of Jining.

Sun Meirong, Chief of the Cultural Relics Administration Bureau of Jining

July 2009